D'HONORÉ DE GRAS

Conseiller au Parlement de Provence

DERNIER SEIGNEUR DE MIMET

par

Paul DE FAUCHER,

Membre correspondant et lauréat de la Société de Statistique de Marseille, etc.

VALENCE

IMPRIMERIE VALENTINOISE, PLACE ST-JEAN

—

1905

8° L²⁷n
58149

LE LIVRE DE RAISON

D'HONORÉ DE GRAS

8 Lm 27
58149

Tiré à 250 exemplaires.

Jean-Paul-J^h-François de GRAS de PRÉGENTIL

né à Aix, le 18 Septembre 1768.

Maire de Mimet de 1807 à 1811. — Maire d'Aix de 1811 à 1815.

Conseiller à la Cour de 1815 à 1852.

Dernier survivant de sa famille. — Mort à Aix, le 20 Octobre 1856.

LE LIVRE DE RAISON

D'HONORÉ DE GRAS

Conseiller au Parlement de Provence

DERNIER SEIGNEUR DE MIMET

par

Paul DE FAUCHER,

Membre correspondant et lauréat de la Société de Statistique de Marseille, etc.

VALENCE

IMPRIMERIE VALENTINOISE, PLACE ST-JEAN

—

1905

A LA MÉMOIRE

DU

REGRETTÉ MARQUIS DE BOISGELIN

Faire mention dans un travail d'histoire d'articles généalogiques intéressant quelque ancienne famille provençale, c'est rappeler la perte douloureuse que les travailleurs et les amateurs d'études locales viennent de faire, hélas! il n'y a que quelques mois (1), en la personne de cet érudit infatigable, de ce respectable gentilhomme, si complaisant et si serviable aussi, que la mort seule a pu enlever à ses chers travaux. Ses cartons, ses notes généalogiques, fruits d'un demi-siècle de recherches, étaient toujours à la disposition, non seulement de ses amis, de ses compatriotes, mais de tous ceux qui, de la France entière, faisaient appel à ses connaissances si profondes en histoires du pays de Provence et de ses vieilles familles.

Une uniformité de goûts et, par suite, de nombreux points similaires de recherche et d'aptitudes, rendaient bien souvent communs nos travaux et nos aspirations ; aussi, plus particulière-

---

(1) M. le marquis de Boisgelin est mort le 23 février 1905, âgé de près de 84 ans, dans son hôtel à Aix.

ment, nos regrets ont-ils été poignants et douloureux. Nous tenons aujourd'hui à rendre publique notre dette de reconnaissance en associant ces regrets à ceux d'abord de sa famille, de tous ses compatriotes, ensuite et peut-on dire, qui chargeaient, le jour de ses obsèques, M. le Conservateur de la bibliothèque Méjanes d'être le mandataire de leurs douloureux sentiments.

L'AUTEUR.

A MONSIEUR PAUL ARBAUD,

MEMBRE DE L'ACADÉMIE D'AIX

Des sentiments de reconnaissance nous sont aussi dictés, d'autre part, en faveur de notre bienveillant parent et ami, le mécène Aixois, ce bibliophile provençal, si distingué et si modeste, dont les précieuses richesses en documents, objets divers et livres rares locaux, sont toujours à la disposition de ceux de ses compatriotes qui veulent travailler et s'occuper d'histoire intéressant la Provence. Qu'il reçoive ici nos remerciements pour nous avoir laissé maintes fois, profiter dans nos petits travaux, des pièces de ses riches collections.

L'AUTEUR.

LE LIVRE DE RAISON

D'HONORÉ DE GRAS

Conseiller au Parlement de Provence,

Dernier Seigneur de Mimet

AVIS DE L'AUTEUR

Succédant, en 1867, à la famille de Gras de Prégentil dans la possession de ses archives domestiques et de quelques pièces intéressant son ancienne seigneurie de Mimet, nous avons recueilli, dans ces papiers, certains documents pouvant servir de complément à ceux déjà donnés par M. H. de Gérin-Ricard dans sa monographie de cette commune (1). Parmi les plus curieux s'est trouvé le *Livre de raison* du dernier seigneur de Mimet, *Honoré* Jn Jh Fois Louis-Martin de Gras de Prégentil, conseiller au parlement de Provence. C'est dans ces pages que nous avons puisé la presque totalité des documents utilisés pour notre travail.

Nous avons cru devoir y joindre une notice généalogique

---

(1) *Revue de Provence*, 1903. Direct.-gér. : P. Ruat, lib. à Marseille, rue Paradis.

sur la famille de ce magistrat, prise aussi dans son livre et plus complète que celles données par Artefeuil et les autres nobiliaires provençaux. Quelques renseignements accompagnent encore l'histoire des familles qui possédèrent la seigneurie de Mimet avant M. de Gras telles que les d'Estienne de Chaussegros, les Grimaldi-Régusse et autres.

D'autre part, nous avons eu soin de n'omettre aucun détail retrouvé dans nos archives pouvant intéresser la commune de Mimet avant 1790.

Le récit de l'exil du conseiller de Gras dans son Château-Bas de Mimet pendant plusieurs années, exil arrivé à l'occasion de la cassation des parlements par le chancelier Maupeou et écrit par lui-même, sera pour notre travail une page intéressante de l'histoire de Provence : les incidents tout particuliers renfermés dans cette narration, et la noble conduite de son auteur, ne pourront être qu'appréciés par le lecteur provençal.

C'est pendant ces trois longues années d'exil que M. de Gras analysa et consigna dans son *Livre de raison* les nombreux détails se rapportant à sa seigneurie de Mimet et aux familles qui l'avaient possédée avant lui.

Ce *Livre de raison*, rédigé par son auteur jusqu'à la veille de sa mort, arrivée en 1799, et dans lequel sont écrits aussi les événements dont il fut témoin et victime au moment de la Révolution, forme un gros volume in-folio de plusieurs centaines de pages, recouvert en parchemin, d'une écriture fine et ronde, très régulière, agréable au coup-d'œil pourrions-nous ajouter. Quelques-unes de ces pages sont de la main de son fils aîné, Jean-Paul, qui fut plusieurs années maire d'Aix, conseiller, plus tard, à la Cour d'appel ; elles n'offrent qu'un intérêt restreint.

C'est ce dernier qui, par son alliance, en 1801, avec Clo-

tilde de Barreme, sœur de notre aïeule paternelle, devint
notre grand-oncle Son fils unique, Charles, étant mort
avant sa mère après avoir fait ses dispositions testamentaires en sa faveur, notre famille fut ainsi appelée à recueillir
une partie de la succession de la famille de Gras.

Nous espérons que le lecteur qui a lu avec satisfaction et
attrait la monographie de la commune de Mimet, déjà
publiée, disions-nous, par notre érudit et distingué collègue,
trouvera encore, dans notre travail, quelques pages qui
pourront l'intéresser et qu'il confondra ensuite dans son
souvenir tous ces documents pour n'en former qu'un tout
sous la dénomination d'histoire de Mimet, par M. H. de
Gérin-Ricard.

Paul DE FAUCHER,

Membre correspondant et lauréat de la Société de statistique
de Marseille, des Académies d'Aix et de Vaucluse.

CHAPITRE Ier

Acquisition de la seigneurie de Mimet par Honoré de Gras, conseiller au Parlement de Provence. — Les Grimaldi-Régusse et les d'Estienne de Chaussegros. — Aucune substitution à craindre.

Ce fut le 17 juin 1771, devant Me Perrin, notaire d'Aix, que se passa l'acte de vente de la seigneurie de Mimet par le marquis de Grimaldi-Régusse au conseiller de Gras.

Charles-Louis-Sextius de Grimaldi, marquis de Régusse, seigneur de Mimet, Villeneuve, Coutelas, Saint-Martin, Montmeyan, conseiller du Roi en tous ses conseils, second président du parlement de Provence, en qualité d'héritier de dame Lucrèce d'Estienne de Chaussegros, sa mère, dame de Mimet, par son testament enregistré rière Lorry, notaire au Châtelet de Paris, le 9 mars 1708, et comme héritier encore *ab intestat* de Charles de Grimaldi, marquis de Régusse, son père, aussi second président à mortier de ce parlement et seigneur dudit Mimet, *vend* à Messire *Honoré Jean-Joseph-François-Louis-Martin de Gras de Prégentil*, chevalier co-seigneur de Rousset, conseiller au parlement de Provence, la terre, place et seigneurie de Mimet, viguerie d'Aix, avec la haute, moyenne et basse justice (mère, mixte impère) (1), et tous droits en dépendant, ladite seigneurie ne relevant que du roi. Ensemble la directe universelle sur tous les biens du terroir avec tous les droits seigneuriaux quelconques, soit de rétention par fief et prélation et autres (2), droits de lods à raison du douzième et toutes les censes imposées sur presque tous les biens dudit terroir, se montant en blé à soixante charges, et en argent à 300 livres, en poules au nombre de quarante, avec d'autres droits en-

---

(1) Voir sur ces expressions qui, ainsi traduites, ne signifient rien, la savante explication donnée par l'érudit M. Lieutaud, à propos du Léopard de Sisteron, dans le *Bulletin de la Société scientifique et littéraire des Basses-Alpes* de 1889, pp. 126 et 130, notes.

(2) L'explication de ces termes de droit féodal sera donnée plus loin à l'occasion de certaines difficultés que craignit d'avoir M. de Gras,

core et censés sur les territoires voisins de Gardane,
Simiane, Allauch, Château Gombert, Auriol, Roquevaire,
Aubagne, montant à un revenu total d'environ 700 livres.

Dans les biens utiles de la seigneurie figurent *quatre bastides* ou ménages avec leurs tènements de terres, vignes,
bois, savoir celles de la Tour, de Châteaubas, de la Galinière et de la Verrerie ou Doudon ; plus les moulins ba-
naux tant à eau qu'à vent, et le four aussi banal. En outre,
le château vieux, le château neuf ou bas, les pigeonniers,
les fontaines, les sources des eaux et les mines quelconques
avec tous les bâtiments du vieux château servant d'auditoire
de justice et ce dont le surplus a été donné à cense aux
habitants. Y compris encore tous les droits honorifiques
appartenant au seigneur tant à l'église de N.-Dame des Anges
qu'à la paroisse ; celui entre autres de placer son banc
d'église dans le sanctuaire et l'obligation de messieurs les
Pères de l'Oratoire de Notre-Dame des Anges de fournir aux
seigneur et dame de Mimet et à leur juge une chambre à
chacun lorsqu'ils vont à cette maison. Enfin toutes les mines de charbon de Gardane, les droits de dépaissance audit
pays et à Allauch, les terres cultivées et incultes, jas ou
bergeries qui s'y trouvent. Laquelle vente est faite pour le
prix de 250.000 livres et 100 louis d'or ou 2.400 livres de
droit d'épingle. Sur ce prix, les biens nobles sont compris
pour 227.000, et les roturiers pour 23.000. A compte de
ces prix, l'acquéreur remet au vendeur la somme de
240.178 livres en différents capitaux à constitution de rente
à exiger de divers particuliers ou corps de communautés.

L'acte fut insinué au bureau de Gardane par le sieur Mou-
tonnier, receveur, pour 3.242 livres 4 sols, y compris le
centième denier. Le contrôle se fit à Aix par le sieur Dutem-
ple, qui perçut 383 livres 10 sols.

Après avoir transcrit l'acte d'achat de sa seigneurie *in
extenso* dans son *Livre de raison*, M. de Gras ajoute que, lors
de son acquisition, le bail de ferme générale à André Lyon,
négociant de Bouc, avait encore une durée de quatre ans,
mais que, ne voulant pas de fermier général, il résilia avec
ledit Lyon, moyennant quelques avantages qu'il lui fit.

« ... Mais bientôt je m'aperçus, écrit M. de Gras, que
« M. de Régusse aliénait les capitaux que je lui avais cédés
« au profit de créanciers autres que ceux qu'il m'avait
« indiqués dans mon acte d'achat, et je dus lui déclarer
« par voie d'huissier que je ne pouvais plus consentir à
« l'aliénation d'aucun d'eux, que ce ne fût pour rembourser
« des créanciers désignés, et j'exigeai qu'à l'avenir les dits
« capitaux ne seraient plus éteints qu'en ma présence, et je
« fis signifier cette mesure à tous les créanciers inscrits de
« mon vendeur. J'eus à ce sujet quelques contestations assez
« vives avec M. de Régusse, même je dus le faire assigner
« en justice pour l'obliger à exécuter les pactes si essentiels
« de notre contrat. Il promit alors de ne plus affecter que
« par actes publics les capitaux dont je lui avais fait ces-
« sion pour le paiement de ses dettes. Malgré sa promesse,
« il différait toujours à s'exécuter, et ce ne fut pas sans
« peine que je le déterminais à agir comme il devait... »

Il eut tout d'abord à prendre des arrangements avec
l'héritier de Françoise de Bonardi, sa première femme (1),
messire Jean-Baptiste de Bonardi, chevalier, baron et pa-
tron du Mesnil-Lieubray, seigneur de Colombier-sous-
Rivière, Crécy, Mainville, Montoy, La Fourcière et autres
lieux, conseiller-maître honoraire en la chambre des comptes de Paris, au sujet de la garantie de la somme de 153.000
livres qu'il devait encore sur les 200.000 de dot de sa dite
première femme, mais dont il avait la jouissance selon ses
dispositions testamentaires, allons-nous voir, du 5 juin 1758
reçues par Davier, notaire au Châtelet de Paris.

Nous retrouvons plus tard le même J.-B. de Bonardi
donnant assignation au fils mineur du marquis de Régusse, André-Benoît-Charles-Xavier, pour avoir à ratifier
l'acte de rémission du restant de la dot de la dame marquise de Régusse, sa cousine, à la suite du décès du président de Régusse arrivé à Aix le 9 décembre 1784. Ce fut le
tuteur du jeune homme, noble Amé-François Cougnasse

---

(1) Nous donnerons plus bas ce contrat de mariage.

des Jardins, écuyer, seigneur de Messon, Villecerf, Crécy, gentilhomme ordinaire de Madame, habitant Paris, qui envoya ses pouvoirs à J^h Aubert, officier de la monnaie d'Aix, pour le représenter en cette circonstance.

Cependant, quelques années après la vente de Mimet, il avait paru, à l'acquéreur de la seigneurie que le droit *de nommer à toutes les fondations pies établies* en faveur des habitants de la commune, notamment à la dotation de 24 livres pour une pauvre fille à marier, n'avait pas été clairement spécifié dans l'acte de vente de 1771, et M. de Gras exigea du président marquis de Régusse la reconnaissance particulière de ce droit, par acte du 30 avril 1779, afin d'éviter des difficultés possibles à l'avenir.

LES GRIMALDI-RÉGUSSE ET LES D'ESTIENNE DE CHAUSSEGROS.

La seigneurie de Mimet, nous dit M. de Gérin-Ricard, était obvenue au marquis de Grimaldi-Régusse par son alliance avec la famille d'Estienne de Chaussegros, chez laquelle elle était entrée plus anciennement par succession de la maison des Foyssard de Chaussegros.

En effet, le 30 juin 1700, écrivant Honde, notaire d'Aix, avait été passé le mariage de Charles de Grimaldy, chevalier, marquis de Régusse, fils de Gaspard, aussi marquis de Régusse, seigneur de Villeneuve, Coutelas et autres lieux, président à mortier au Parlement d'Aix, et de Charlotte de Castillon de Beynes, avec Lucrèce d'Estienne de Chaussegros, dame de Mimet, fille de feu Louis et de survivante Marguerite de Révilhasc.

Le mariage s'était fait à Aix, en présence de M. le premier président et intendant de Provence, Pierre Cardin Lebret, de Sauveur de Grimaldi de Régusse, oncle du marié, de J^h de Thibaut de Tizati, seigneur de Sannes, conseiller au Parlement, beau-frère du contractant ; de Paul de Forbin de La Barben, docteur en théologie, chanoine de Saint-Sauveur, son oncle maternel ; de François de Laugier, chanoine capiscol du chapitre de Saint-Sauveur d'Aix ; de noble Joseph de Chazelles, correcteur à la Cour des Comptes ; de noble Pierre de Chazelles, lieutenant-général des Soumissions au siège de Digne, ses cousins-germains, et de ses autres cousins, Louis de Pontis, gouverneur pour le roi de la ville et citadelle de Seyne ; Joseph de Rabasse de Tulle de Glandevès, seigneur de Vergons ; Pierre Roustan, bourgeois, et de plusieurs autres parents et amis non nommés.

Lucrèce d'Estienne de Mimet, la future épouse, avait été héritière de son père par son testament du 12 décembre 1696, reçu par Honde. Une somme de 60.000 livres lui est assurée, sur laquelle 24 000 seulement proviennent de son dit père ; mais la veuve, qui avait la jouissance de la majeure partie de la fortune de son défunt mari, le seigneur de Mimet, fait une pension annuelle de 1.800 livres à la future.

Le président de Régusse, de son côté, fait donation à son fils de sa charge de président, de son hôtel à Aix avec tout ce qu'il renferme en meubles, livres, vaisselle plate et argenterie, linges, etc., tel que lui-même l'avait reçu de son père, le 20 novembre 1663, lors de son mariage avec Mlle de Castillon de Beynes (écr. Alphéran, not.) Il lui substitue, ainsi qu'à ses enfants mâles à naître, le marquisat de Régusse et toutes les seigneuries qui en dépendaient (1). Il lui renouvelait en un mot les avantages qui lui avaient été faits jadis par son propre père. La marquise de Régusse faisait donation à son fils de la moitié de son propre bien.

L'acte fut passé dans l'hôtel de Mgr l'intendant, en présence de noble Claude Brochier, ancien secrétaire du roi en la chancellerie près la cour des Comptes et autres témoins.

AUCUNE CRAINTE DE SUBSTITUTION A INVOQUER DANS L'AVENIR POUR LA SEIGNEURIE DE MIMET.

Après avoir mentionné ce contrat de mariage du marquis de Régusse, père de son vendeur, avec Mlle d'Estienne de Chaussegros, dame de Mimet, Honoré de Gras, écrivant son

---

(1) La terre de Régusse, érigée en marquisat en 1649 en faveur de Gaspard de Grimaldi, trisaïeul de Charles, comprenait les seigneuries de Moissac, Remoules, Roquefort, Saint-Martin et autres terres.

2

Livre de raison pour ses enfants, observe « ... *qu'ils n'ont à craindre aucune ouverture future de substitution*, attendu que Louis d'Estienne de Chaussegros faisait à sa fille, dans son testament, l'obligation de disposer après elle de ses biens en faveur d'un de ses enfants mâles qu'elle choisirait ; comme elle n'a laissé qu'un fils, M. le marquis de Régusse mon vendeur, il a été héritier pur et simple de sa mère et de son aïeul. La terre de Mimet est donc libre, et j'ai pu l'acheter de ce gentilhomme en toute sûreté parce qu'*elle n'est substituée à personne* ».

Mariage de Louis d'Estienne de Chaussegros, seigneur de Mimet, avec Marguerite de Révilhasc.

Le 2 octobre 1681 (écr. Tiers, not. de Veynes, en Gapençais), avait eu lieu le mariage de noble Louis d'Estienne de Chaussegros, seigneur de Mimet, fils de feu noble Gaspard et de dame Isabeau de Roustan (*sic*), avec Marguerite de Révilhasc (1), fille de noble Jacques, seigneur majeur de Veynes et de Lucrèce de Bonne. Le marié était assisté des conseils de son frère Cosme d'Estienne de Chaussegros, et la mariée agissait avec la permission de ses père et mère en présence de noble François Deydier, seigneur d'Allons, co-seigneur de Meyreuil en Dauphiné, son beau-frère ; de noble Jean-Louis de Révilhasc, seigneur d'Aspres, son cousin, et d'autres parents. La mariée appartenait à la religion réformée.

Les parents constituaient à leur fille treize mille livres *selon la valeur de l'édict*, est-il stipulé (2). La future avait un frère, Alexandre de Révilhasc, seigneur de Clômes (3), retenu

---

(1) Cette famille, originaire du Piémont, avait alors une grande importance dans le Gapencais. Sa généalogie a été donnée par Guy Allard. Lucrèce de Bonne appartenait à la branche d'Oyze et d'Auriac. A propos de la seigneurie du Barroux qu'elle possédait dans le Comtat, Pithon-Curt en a donné l'histoire dans le 3ᵉ volume de son nobiliaire, mais il est très incomplet et ignore la descendance de Jacques.

(2) Quelque édit qui avait attribué une nouvelle valeur à la monnaie.

(3) M. de Gras écrit *Clomnes*, nous n'avons pu retrouver cette terre ; c'est peut-être le Clème, hameau du mandement de Montbonnot qu'il faut lire.

à Paris par son service de premier maréchal-des-logis de la seconde compagnie des mousquetaires du roi.

Testament de Louis d'Estienne de Chaussegros, seigneur de Mimet. — Refus de sa fille de satisfaire a l'obligation qui lui est imposée.

Louis d'Estienne de Chaussegros, seigneur de Mimet, avait fait son testament le 12 décembre 1696, par-devant Honde, notaire d'Aix, par lequel il léguait à la dame de Révilhasc, son épouse, les fruits et usufruits de tous ses biens, à la charge d'entretenir ses enfants. Il léguait aussi à Gabrielle et à Isabeau d'Estienne de Chaussegros, ses *filles cadettes*, à chacune 36.000 livres et faisait son héritier sa *fille aînée Lucrèce*, substituant ses biens aux enfants *de cette fille* ou, s'il n'y en avait pas, à *ses sœurs* et ensuite à noble Jean *d'Estienne de Chaussegros*, *son frère* et, *à leur défaut* enfin, à Honoré d'Estienne de Chaussegros, seigneur de Lioux, son cousin germain. Le testateur ajoute que « voulant tâcher de continuer sa famille et les noms et armes de la maison d'Estienne de Chaussegros, il ne peut le faire qu'en mariant son héritière, comme il l'a projeté, à noble Cosme d'Estienne de Chaussegros, fils aîné dudit Honoré seigneur de Lioux, et qu'il ne fait sa fille *son héritier qu'à cette condition*. »

Le testament fut passé dans une des salles basses du château-bas de Mimet, devant le notaire royal d'Aix sus-nommé et en présence de maître Jean Deleuil, bayle et lieutenant du juge dudit Mimet.

Mais, devant cette obligation que lui faisait son père, *contraire à la morale et à la loi qui laissent les filles libres dans le choix de leur époux*, Lucrèce d'Estienne, dame de Mimet « Mademoiselle de Mimet », comme on l'appelait, étant pour lors âgée de 13 ans et se trouvant en pension dans le second monastère des Ursulines d'Aix, fit présenter, par Mᵉ André Eissautier, procureur au siège de cette ville, une requête à Joseph de Tressemanes, seigneur de Chasteuil et de Rousset, conseiller au parlement de Provence et lieutenant-général en même temps au siège général d'Aix, pour qu'il ait à réunir un conseil de famille qui déciderait si « *elle devait être privée de la succession de son père au cas où elle refuserait d'épouser son cousin* », d'autant qu'elle avait eu à son couvent la visite de M. de Lioux, Honoré d'Estienne de Chaussegros, qui, pour la presser de célébrer ce mariage avec son fils, lui avait fait entendre que, si elle n'y consentait pas, elle serait privée des biens de son père ; « or, les menaces de son parent ont mis, dit la requête, le trouble et l'inquiétude dans son esprit et c'est pour cela qu'elle a voulu suivre l'opinion des autres membres de sa famille et se laisser conduire par eux. »

Donc, le 15 octobre 1698, les parents convoqués se trouvèrent réunis en personne ou par procuration devant le lieutenant-général de Tressemanes, et figuraient :

N. Joseph de Chazelles, correcteur à la Cour des comptes de Provence ;

Sr Pierre Roustan, bourgeois d'Aix, oncles paternels à la mode de Bretagne ;

N. Joseph de Révilhasc, S^{gr} majeur de Veyne, son oncle maternel ;

N. Joseph de Chazelles, lieutenant des soumissions au siège d'Aix, son cousin-germain ;

Nobles J^n B. de Durand de Fuveau et J^n Augustin de Farges, S^{gr} de Rousset, cousins-germains ;

N. Gaspard de Rabasse de Tulle, sieur de Vergons, cousin ;

N. Louis de Pontis, gouverneur de Seynes ;

N. Jean d'Estienne de Chaussegros, oncle paternel.

Etaient aussi présentes la dame Marguerite de Révilhasc, la mère, veuve de Louis d'Estienne de Chaussegros, et sa sœur Suzanne de Révilhasc, veuve de N. Cosme d'Estienne de Chaussegros (1), et tante germaine de la demoiselle Lucrèce. Lesquelles dames, mère et tante, déclarèrent tout d'abord que, contrairement à ce qu'on disait sur leur avis, elles n'avaient jamais entendu empêcher la demoiselle de Mimet de rester libre dans le choix d'un époux, qu'elles consentaient à ce

---

(1) Les généalogistes ont toujours confondu ces deux sœurs.

qu'elle se fasse assister d'un curateur et d'une assemblée de ses parents pour se faire rendre la liberté d'action, d'autant « qu'il n'y a rien de plus naturel et juste à une fille de choisir un mari qui lui soit agréable s'il est convenable. »

Tous les parents présents ou leurs procureurs furent de cet avis et M. de Tressemanes décida que Mlle de Mimet, assistée de son curateur, se pourvoirait devant le tribunal pour faire déclarer que *sans s'arrêter aux dispositions testamentaires de son père, elle peut épouser qui elle voudra avec le consentement de sa mère et de ses oncles, sans pour cela être privée de la succession de son père.*

Et alors, comme nous l'avons déjà dit, le 30 juin 1700, ayant atteint sa quinzième année, Mlle de Mimet avait épousé le marquis Charles de Grimaldi de Régusse.

LES DEMOISELLES D'ESTIENNE DE CHAUSSEGROS MISES
AUX URSULINES D'AIX.

Toujours attentif à ce qui pouvait être nécessaire pour ses descendants à la possession sans conteste de sa seigneurie de Mimet, Honoré de Gras ne manque pas de consigner aussi dans son *Livre de raison* les difficultés qu'avait eues le marquis de Régusse, époux de la dame de Mimet, Lucrèce d'Estienne de Chaussegros, et père de son vendeur, avec le couvent de Sainte-Ursule d'Aix, où avaient été élevées cette dame et ses deux jeunes sœurs, que nous avons vu mentionnées au testament de leur père ; et il raconte que :

A la mort du seigneur de Mimet, Louis d'Estienne de Chaussegros, les trois demoiselles ses filles, Lucrèce, Gabrielle et Isabeau, furent mises *par ordre de S. M.* dans le second monastère des dames de Sainte-Ursule d'Aix, appelé les Andrettes, pour y recevoir une éducation dans la religion catholique, apostolique et romaine et *dissiper de leurs esprits les impressions de la religion prétendue réformée qui pourraient leur avoir été inspirées par leurs parents.* Elles avaient répondu à ce désir et M. de Régusse ayant dans la suite épousé l'aînée, les deux plus jeunes restèrent dans ce monastère, dont la dame de Fargues, religieuse et parente de l'archevêque d'Aix, était directrice, économe et supérieure de fait si elle ne l'était d'élection et de titre. Or, cette dame se rendit tellement maîtresse de l'esprit des demoiselles de Mimet, de celui de la cadette surtout, qu'elles n'agissaient plus que par ses ordres. Isabeau, la plus jeune, décéda dans le mois de décembre 1702, âgée de treize ans, léguant 1.000 francs à la dame supérieure et une pension de 50 livres à la maison. Gabrielle avait pris l'habit de l'ordre (1). Il ne fut tentatives qu'elle n'eut à supporter lors de son entrée au noviciat à quinze ans, pour ne rien donner à sa sœur de Régusse qu'on lui représentait comme maladive, n'ayant qu'un enfant sans santé et qui, un jour, laisserait son bien à des étrangers au sang des d'Estienne. L'abbé de Jullians, prévôt de Saint-Sauveur, l'abbé de Fargues, l'un frère et l'autre cousin de la supérieure, tous deux grands vicaires de l'archevêque et qui avaient la direction de ce monastère, mêlèrent leur éloquence pour persuader à Gabrielle de Mimet, non de tester en faveur de son couvent, ce qui pouvait être cassé par le parlement comme contraire aux édits, mais de lui laisser au moins des avantages pécuniaires considérables. On obtint même un arrêt du conseil du roi qui autorisait cette religieuse mineure à faire don de 20.000 livres à ce monastère et on retarda la cérémonie de sa prise d'habit tant qu'il fut possible et jusqu'au jour où l'archevêque eut appris au marquis de Régusse qu'il avait à payer les 20.000 livres données par sa belle-sœur et 13.000 autres cédées à des parents par divers legs. M. de Régusse fut furieux, observant que sa fortune ne lui permettait pas de disposer de ces sommes, que la succession de sa mère était déjà grevée de 12.000 fr. de dettes. Mais il n'était nullement disposé, néanmoins, à entamer un procès avec le couvent, soutenu par l'archevêque d'Aix et s'autorisant d'un arrêt du conseil du Roi ; et alors, par crainte de perdre le restant de la fortune de son beaupère que sa belle-sœur possédait encore et attendu que, sous l'empire absolu de la supérieure dans lequel elle se trouvait,

______

(1) Elle mourut religieuse dans ce couvent en 1767 ou 1768.

elle aurait pu en disposer en faveur d'un tiers, il acquiesça
à tout ce qu'on exigeait de lui, avec l'espoir, néanmoins, de
se pourvoir un jour en cassation contre l'arrêt du conseil du
Roi et les dispositions de sa belle-sœur (1).

Testament de Lucrèce d'Estienne de Chaussegros, dame de Mimet et marquise de Régusse.

Le 6 juin 1703, écrivant Bonhomme, notaire au Châtelet
de Paris, la marquise de Régusse fit son testament. Elle
se trouvait pour lors à Paris, indisposée et logée à l'hôtel
d'Allemagne, paroisse Saint-Sulpice, rue Jacob, et voici ses
dispositions :

Elle veut être enterrée au tombeau que possède son mari,
à Aix, aux Pères de l'Oratoire ; elle fait son fils unique,
Charles-Louis-Sextius de Grimaldi, son héritier ; toutefois, il
ne jouira de ses biens qu'au décès du marquis de Régusse,
son père. Substituant ces biens à sa propre sœur, qui, à ce
moment, n'était pas encore religieuse, mais elle ajoute qu'au
cas où celle-ci entrerait en religion ou décéderait sans
enfants, elle les lègue à son mari.

Elle déclare avoir fait trois autres testaments antérieurs
qui n'exprimaient pas toujours sa volonté ; celui seul où figu-
reraient ces mots : *Mon Dieu, faites-moi miséricorde,* doit être
valable. Et aujourd'hui encore, dit-elle, si jamais j'en refais
un nouveau, il n'exprimera ma fidèle volonté que si cette
mention expresse y figure aussi.

Mort de la marquise de Régusse, preuve que la terre de Mimet est libre.

Le 9 mars 1708, Charles de Grimaldi, marquis de Régusse,
avocat général au parlement de Provence, écrivait à Paris au
lieutenant civil, lui disant que la dame Lucrèce d'Estienne,
son épouse, était décédée à Aix depuis un mois et sachant

---

(1) Rien, dans nos documents, n'indique s'il mit son projet à exécution.

qu'elle avait fait un testament déposé en l'étude de M⁰ Bonhomme, notaire au Châtelet, il demande que l'ouverture en soit faite pour en connaître les dispositions et qu'il soit ordonné par lui, lieutenant civil, que M⁰ Lorry, successeur de M⁰ Bonhomme, apporte en sa présence ledit testament pour, qu'ouverture opérée, une expédition lui en soit adressée à Aix.

Toutes les formalités furent faites en conséquence.

« ... Donc (ajoute M. de Gras, en homme de loi connaissant toutes les subtilités délicates auxquelles donnaient lieu les anciennes substitutions et le parti que certains créanciers ou avocats pouvaient en tirer), la dame Lucrèce d'Estienne de Chaussegros n'ayant, lors de sa mort, laissé d'autre enfant que M. de Régusse, mon vendeur, celui-ci recueillit toute la succession de sa mère, et par conséquent la terre de Mimet, tant en vertu du susdit testament que par la substitution faite dans celui de son grand-père, Louis d'Estienne, est libre; terre qu'il recueillait comme enfant unique de sa mère et celle-ci ne greva point son fils de substitution dans son testament ; elle ne l'aurait pas pu, parce qu'elle était elle-même grevée de lui rendre son héritage par testament de son père. C'est pourquoi, je répète que la terre de Mimet est libre sur la tête de mon vendeur. »

LES TROIS MARIAGES DU MARQUIS DE RÉGUSSE, VENDEUR DE LA SEIGNEURIE DE MIMET. — LA FAMILLE DE GRIMALDI-RÉGUSSE JUSQU'A NOS JOURS.

Charles-Louis-Sextius marquis de Grimaldi de Régusse qui avait vendu sa seigneurie de Mimet à Honoré de Gras, en 1771, s'était marié trois fois (1) ; premièrement, en 1725, à Françoise de Bonardy, et nous avons vu l'héritier de cette dernière réclamer sa dot hypothéquée sur la seigneurie de Mimet.

----

(1) Le regretté marquis de Boisgelin, dans ses biographies des membres du parlement d'Aix (*Annales de la Société d'études provençales*, n⁰ 4, juillet-août 1904), indique exactement les trois mariages du président de Régusse.

Ce premier mariage avait eu lieu devant les notaires, au Châtelet de Paris, Delabre et Pinatel, le 5 février 1725. Le marquis de Régusse, président à mortier au parlement de Provence, était venu loger à Paris, rue du Colombier, à l'hôtel Notre-Dame, quartier de Saint Germain-des-Prés, paroisse Saint-Sulpice.

Françoise de Bonardy était fille d'Augustin Bonardy, écuyer, seigneur de Trouveille (1), chevalier de l'ordre de Saint-Michel, secrétaire du roi, maison et couronne de France et de dame Geneviève Guignon.

Le mariage se fit par l'intermédiaire de S. A. S. Madame d'Orléans, abbesse de Chelles, qui *portait beaucoup d'intérêt à la jeune mariée*, et par les soins aussi de Mgr Honoré-François de Grimaldi de Monaco, archevêque de Besançon, prince du Saint-Empire, abbé de Saint-Maizant : de très haut et puissant seigneur Mgr Jacques-François-Léonor de Grimaldi, duc de Valentinois et d'Estouteville, pair de France, sire de Matignon de Thorigny, baron de Saint-Lô, Beuzeval et de Manéhouville, seigneur de Gatteville, etc., lieutenant-général de la province de Normandie, gouverneur des villes et châteaux de Cherbourg, Granville, Saint-Lô, etc. ; de haut et puissant seigneur Charles-François de Vintimille, des comtes de Marseille, comte du Luc, marquis des Arcs, gouverneur des îles de Porquerolles, lieutenant du roi en Provence, chevalier des ordres de Sa Majesté, conseiller d'Etat ; de messire Jean-Baptiste Monier, chevalier, seigneur de Châteaudun ; de messire André de Joannis, chevalier de Saint-Louis, ancien commandant de la citadelle de Mantoue ; de messire André de Joannis, conseiller du roi en ses conseils et son procureur à la cour des comptes de Provence : de messire Augustin de Tamarlet de Charleval, conseiller clerc au parlement de Provence ; de messire Jérôme d'Argouges, chevalier, seigneur de Fleury, maître des requêtes ordinaires du roi en son conseil et lieutenant civil au Châtelet de

---

(1) C'est à tort qu'Artefeuil donne à la dame de Régusse le nom de Bonardy de Crécy ; cette terre appartenait à son cousin Jean-Baptiste, qui fut son héritier avons-nous vu et non au père de Mme de Régusse.

Paris ; de messire Jean-Baptiste-Joseph Languet de Gergy, prêtre, docteur en Sorbonne, curé de Saint-Sulpice ; de l'abbé de Bonardy, tous parents, alliés ou amis des époux.

La future se constituait 200.000 francs de dot qui furent hypothéqués sur la seigneurie de Mimet et le marquisat de Régusse, près de Barjols. Il était dit, néanmoins, que le futur se réservait de distraire de suite 26.000 livres de cette dot pour achever de solder la charge de président à mortier, qui étaient dues encore aux héritiers du président du Chaine.

La dame de Bonardy mourut sans enfant, avons-nous dit, et par son testament déjà indiqué du 5 juin 1758, reçu Daviert notaire à Paris, elle laissait la jouissance de son bien à son mari et la nue-propriété à son cousin germain, J. B. de Bonardy. Nous avons vu aussi que le marquis de Régusse ne mourut que le 19 décembre 1784.

De son second mariage avec la demoiselle de Varanchan, fait à Paris en 1759, M. de Régusse n'avait eu qu'une fille, morte jeune, après sa mère et dont il fut par suite l'héritier en partie. La famille de Varanchan fixa ensuite à 22 mille livres ce qui lui revenait de la succession de cette enfant.

Dans ce contrat de mariage, le marquis de Régusse père faisait entrer sa terre de Régusse pour 14.000 livres de revenus, sa seigneurie de Mimet pour 5.000, mentionnait une pension de 5.000 livres aussi que le roi lui faisait en considération de ses services, sans oublier les revenus de sa charge de président et les jouissances qu'il avait de sa première femme.

Le 20 juillet 1763, M. de Régusse se mariait pour la troisième fois avec Jeanne-Thérèse de Monyer, provençale celle-ci, fille de Jean-André de Monyer, seigneur de Chateaudeuil et d'Anne de Félix d'Olières. La future recevait en dot 85.000 livres. Le contrat fut passé au château de Régusse, par les notaires Regnier et Dauphin.

Jeanne-Thérèse de Monyer, marquise de Régusse, mourut à Aix le 2 mars 1779.

Le président de Régusse, son mari, avait fait son testament le 17 juin 1779, enregistré le 15 décembre 1784, le lendemain de son décès, aux écritures de Me Rambot, notaire d'Aix, instituant héritier son fils aîné, André-Benoit-Charles-François, que nous avons vu agissant sous la tutelle de M. Cougnasse des Jardins et lui substituant ses fils cadets, dont plusieurs étaient chevaliers de Malte et, en cas de décès de ces derniers sans postérité aussi, il établissait une substitution en faveur du comte de Grimaldi de Cagnes, officier des vaisseaux du roi son parent, disait il.

Le jeune et nouveau marquis de Régusse épousa à Aix, le 28 février 1786, Marie-Thérèse-Henriette-Delphine-Baptistine de Lombard de Castellet. Il mourut à Saint-Paul-les-Faïence, le 12 juin 1827, laissant deux enfants :

1° Marie-Antoinette-Hélène, née à Nice le 3 décembre 1790, mariée le 19 août 1822 à Amédée Pazery de Thorame, avocat-général à la cour d'Aix, démissionnaire en 1830, mort sans postérité à Aix le 12 août 1883.

2° Charles-François-Marie-Xavier de Grimaldi, septième marquis de Régusse, né à Fréjus le 19 février 1793, marié à Marseille, le 2 mai 1832, à Marie-Louise-Victorine de Barrigue de Fontainieu (fille d'Amiel-Hippolyte et de Mlle Noguier de Malijay), mort à Aix le 22 juin 1865, dont Valentine de Grimaldi-Régusse vivant sans alliance à Aix ; Hippolyte-Alfred de Grimaldi, huitième et dernier marquis de Régusse, né le 11 août 1835 à Sisteron, marié à Marseille, le 21 septembre 1858, à Maria Chabert, dont une fille, Caroline-Baptistine, née à Marseille en 1859, mariée le 25 avril 1880, à André-Auguste-Roch Pichaud, négociant de cette ville.

CHAPITRE II

La famille de Gras de Prégentil. — Le Parlement Maupeou installé à Aix.

Honoré-Jean-François-Louis-Martin de Gras de Prégentil, co-seigneur de Rousset, conseiller au parlement de Provence, qui avait acquis, le 17 juin 1771, la seigneurie de Mimet, de Louis-Sextius de Grimaldi, cinquième marquis de Régusse, était né à Aix le 11 novembre 1725, de François-Louis de

Gras, aussi conseiller au parlement, et de Thérèse-Marguerite
de Mayol. Il fut baptisé le lendemain dans l'église métropo-
litaine de Saint-Sauveur ; son parrain fut son aïeul maternel,
Jean de Mayol, conseiller aux Comptes, et sa marraine,
Anne de Revest, son aïeule paternelle. Voici en quels termes
il raconte lui-même dans les premières pages de son *Livre
de raison* l'histoire de sa famille :

Mes ancêtres croyaient par tradition que leur famille
était originaire du duché de Champsaur en Dauphiné et
qu'elle descendait d'un Henri Gras qui était bailli d'Embrun
en 1350. Mais je n'ai aucune preuve de cette descendance
malgré toutes les recherches que mes pères avaient faites.
Je porte pour armoiries : fond d'azur au lion armé et lampassé
de gueules empêché (*sic*) de trois traverses de même ; la
devise de ma famille est : *stat fortis in arduis*.

Un M. de Gras de Prégentil, d'une des meilleures familles
du Dauphiné, éteinte aujourd'hui, vint au siècle dernier en
Provence et ayant vu sur les vitres de notre ancienne maison,
qui était à Aix dans la rue de la Tannerie, nos armes et
notre devise ci-dessus décrites, dit à mon aïeul, Honoré de
Gras, qu'assurément ils étaient de la même famille et il
promit de lui envoyer tous ses titres, mais il mourut sans
avoir exécuté sa promesse. C'est en suite de l'extinction de
ces MM. de Gras de Prégentil, du Dauphiné, que depuis
nombre d'années nous avons ajouté à notre nom celui de
Prégentil.

Voici tout ce que je sais de certain sur l'origine de ma
famille ; je l'ai extrait du *Livre de raison* de mon aïeul.

I. — Noble *Benoit* Gras, de Marseille, se maria dans cette ville,
le 13 mars 1540, avec Marguerite Perrine : mon aïeul avait ce
contrat de mariage, je ne l'ai plus retrouvé : de ce mariage
naquirent *Marcelin* et *Etienne* Gras, ce dernier fut prieur
claustral de l'abbaye de Saint-Victor-lès-Marseille ; il fut
aussi prieur de Saint-Léon et de La Roche, dans le Rouergue.

II. — Noble *Marcelin* Gras se maria à Aix, le 18 août 1576,
avec Melchionne Guiran, fille de Melchion, écuyer de cette

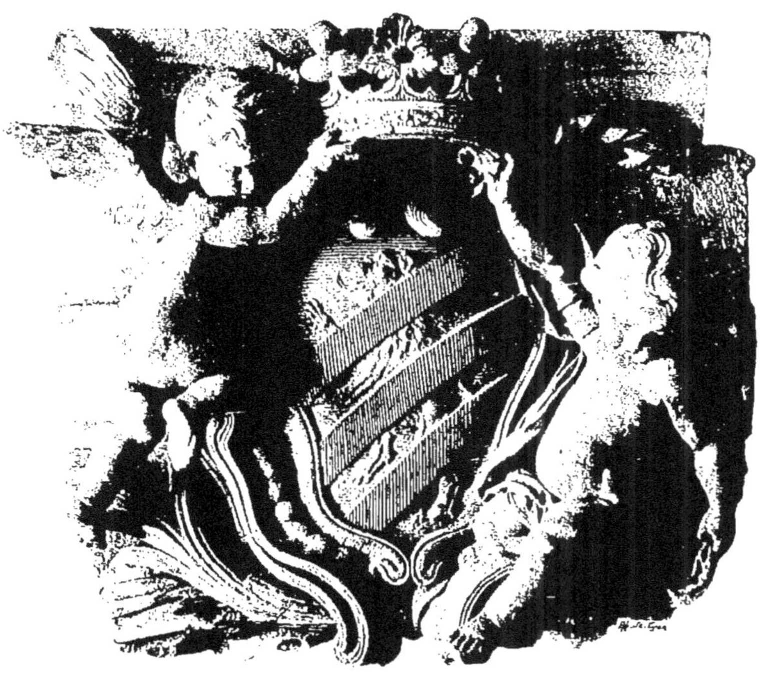

Armoiries de la famille de Gras de Prégentil,
sculptées sur pierre par Chastel, en 1771, pour la maison de la place des Prêcheurs,
avec fac-simile du reçu de l'artiste.

(Collection Paul Arbaud, à Aix.)

ville, et de Marthe Bompar, écrivant J^h Borrili, notaire, dont les écritures sont de nos jours dans l'étude de M° J^h Boyer. N. Marcelin Gras était maître de la Monnaie de la ville d'Aix. J'ai vu l'original de ce contrat au folio 88 du registre de l'année 1576 de ce notaire.

De ce mariage naquirent *Honoré* Gras et *Sibille* qui se maria, le 29 juin 1600, à noble Joseph de Raphélis, seigneur de Broves, écrivant Maurel, notaire d'Aix.

Par son testament du 20 juin 1585, Maurel, encore notaire, Marcelin Gras fit son fils héritier, le mettant sous la tutelle de son oncle Etienne, le prieur de Saint-Victor.

III. — Honoré Gras se maria, le 28 avril 1608, avec Catherine de Caze, fille de noble Jean-Baptiste, écuyer de la ville de Marseille, et de Virginie de Nouveau ; leur contrat fut reçu par Baldoin, notaire de cette ville.

Bien qu'Honoré Gras eût dû se qualifier noble comme l'avaient fait son aïeul et son père, il ne prit néanmoins dans son contrat de mariage et son testament que la qualité d'avocat à la cour. Il mourut en 1653. Il avait, le 6 juillet 1648, fait son testament devant Beau, notaire d'Aix, après son fils.

De son mariage naquirent plusieurs enfants : *Jean-Baptiste* qui fut prêtre et prieur de Saint-Giniès, prieuré dépendant de l'abbaye de Saint-Victor, Henri qui mourut capucin et

IV. — François, qui se maria, le 28 avril 1641, à Catherine de Richéry, fille de Jacques, écuyer de Saint-Maximin, et de Sibille de Peyruis ; celle-ci, fille de Nicolas, seigneur de Montauroux, et d'Anne de Cambe ; leur contrat fut reçu par André Frégier, notaire d'Aix.

Le dit François, mon bisaïeul, mourut le 25 février 1643, laissant sa femme enceinte qui accoucha le 25 mars suivant d'Honoré de Gras, mon aïeul.

V. — *Honoré* de Gras épousa en premières noces Hélène de Thomassin de Laincel, dont il n'eut pas d'enfant et se remaria, le 10 mai 1681, avec Anne de Revest, fille de noble Honoré de Revest, sieur de Monvert, écuyer et secrétaire du roi en la chancellerie, près la cour des Comptes, aides et finances, et de demoiselle Marguerite de Bonnet et sœur de M. le Conseiller de Monvert. Le contrat fut reçu le 14 mai 1681, par Joseph Darbès, notaire d'Aix.

Le 29 octobre 1661, mon aïeul avait été reçu lieutenant général criminel et juge royal au siège d'Aix; après avoir exercé cette charge pendant deux ans et demi, il la revendit.

Au mois de novembre 1668, il avait acheté une charge de conseiller au Parlement de cette province, en laquelle il fut reçu le 29 janvier 1669. Le 24 juin 1710, il parvint à la place de doyen, en laquelle il mourut le 29 mars 1712. Son enterrement fut fait avec grande cérémonie; il fut enseveli dans le tombeau que notre famille avait depuis longtemps dans la chapelle des Frères pénitents noirs d'Aix (1). (Voir, p. 51, la note concernant la vente de cette chapelle.)

En 1678, mon aïeul avait acquis une partie de la co-seigneurie de Rousset-les-Aix par sa possession des domaines nobles de la Queiranne et de la Grèze. Le 27 juin 1696, il prêta hommage au roi, pour ses biens, à la Cour des Comptes.

Il testa le 2 octobre 1708 devant Darbès, notaire d'Aix (2).

Du mariage de mon aïeul Honoré de Gras et d'Anne de Revest de Montvert naquirent plusieurs enfants, entre autres *François-Louis* de Gras, mon père, qui naquit le 13 août 1696.

Marguerite de Gras, qui épousa, le 2 janvier 1706, Jacques de Clapiers, seigneur de Collongue, capitaine dans le régiment du Maine, chevalier de Saint-Louis.

Catherine de Gras, née le 27 août 1696, qui ne se maria pas et mourut à Aix le 22 décembre 1783. Elle fut enterrée dans le cimetière de la Madeleine.

VI. — *François-Louis* de Gras fut baptisé à l'église Saint-Sauveur, comme mes aïeux plus anciens. Il se maria, le 4 décembre 1724, avec Thérèse-Marguerite de Mayol, fille de

---

(1) Son mortuaire, comme ceux de mes autres aïeux, sont dans les registres des PP. Cordeliers d'Aix, parce qu'ils étaient aumôniers des Pénitents noirs.

(2) Son portrait, peint par Fauchier, qui se trouvait dans la collection des portraits des membres du Parlement dans la grande salle du palais appartient aujourd'hui à la comtesse de Castelnau, petite-nièce de Mme de Gras.

Jean, conseiller à la Cour des Comptes de Provence, et de Valentine-Marseille de Vellin. Les articles du mariage furent enregistrés, le 9 mars 1729, dans les écritures de Mᵉ Guyon, notaire d'Aix. La dot de ma mère avait été de 38.000 livres.

François-Louis de Gras avait été reçu conseiller au parlement dans la charge de son père le 24 avril 1716, mais il vendit sa charge le 9 mars 1765 à M. de Meyronnet Saint-Marc, conseiller au parlement (1), qui l'acheta pour M. son fils qui, à son tour, fut reçu dans cette charge le 19 avril suivant.

Mon père obtint du roi des lettres de conseiller honoraire du parlement en date du 8 mai 1765, et il mourut avec cette qualité, le 5 mai 1767.

Mais déjà le 31 décembre 1745, mon père m'avait acheté la charge de conseiller au parlement de M. de Gautier de la Molle, au prix de 40.000 livres, plus 30 louis de pot-de-vin. C'est mon oncle, Louis-Bruno de Mayol, qui paya mes provisions, et je fus reçu au parlement le 31 mars 1746.

« .... Mon oncle, Louis-Bruno de Mayol, conseiller aux Comptes, avait l'intention de me faire son héritier, et tout d'abord il m'avait fait présent de cette charge de conseiller au parlement ; mais il ne voulait pas que les créanciers de mon père eussent des droits sur elle. D'autre part, ne voulant pas que sa parenté s'offusquât de cette donation, je fus censé lui servir une pension de 2.400 livres sur les revenus de ma charge à fonds perdus sa vie durant. Pour parer à ce qui pouvait arriver, il me donnait quittance d'un argent que je ne lui remettais pas. Bien m'en prit d'agir ainsi, car la tête de mon oncle s'étant dérangée, il fit un second testament, par lequel il laissait la jouissance de sa fortune à son frère l'abbé, au lieu d'une simple pension de 1.200 livres exprimée par ses premières volontés. Il n'y eut qu'ennuis et tracasseries pour moi, après sa mort arrivée en 1766, et je dus tout supporter de la part des domestiques de mon pauvre oncle l'abbé qui, avec l'esprit faible qu'il avait depuis

---

(1) Philippe de Meyronnet, baron de Saint-Marc, reçu conseiller le 13 mars 1737, marié, le 6 septembre 1740, à Thérèse de Fauris, fille du sénéchal d'Hyères,

longtemps, n'était pas le maître de ses actes. Ses serviteurs firent agir contre moi plusieurs hommes d'affaires qui avaient mission de rechercher si ma charge m'appartenait réellement et si mes quittances étaient en règle et au complet. Cette situation fut de courte durée, car mon oncle l'abbé mourut, à son tour, en 1769.

« ... Ma noblesse, acquise par les charges de mes pères, ne peut m'être disputée, encore moins à mes descendants. Mon aïeul et mon père ont rempli, plus de vingt ans chacun, la charge de conseiller au parlement, et sont morts dans leurs fonctions; mon père avait rempli la sienne 49 ans avant d'obtenir d'être conseiller honoraire. »

Le 15 février 1723, mon père prêta hommage pour la co-seigneurie de Rousset à la Cour des Comptes, et le 6 avril 1726, il donna le dénombrement de sa terre.

De son mariage, mon père laissa plusieurs enfants, dont je suis l'aîné et le seul fils.

Mes sœurs étaient :

Marie-Anne de Gras, qui naquit le 12 décembre 1729, et *Anne-Rose-Thérèse Valentine - François - de - Sales*, née le 25 juin 1737. Elles se firent l'une et l'autre religieuses au couvent des Bénédictines de Saint-Zacharie : l'aînée fit profession le 15 mai 1749; la cadette, le 15 octobre 1761. La première mourut dans son couvent le 16 août 1782.

Une note indique que la seconde, sortie de son couvent à la Révolution, mourut à Marseille le 7 septembre 1819. Il leur était fait à chacune une pension annuelle de 60 livres, par leur acte de vêture (1).

Thérèse-Marguerite de Mayol, ma mère, mourut le 24 novembre 1763, après une cruelle maladie qui la tint percluse six mois durant.

Le 5 mai 1767, j'ai eu le malheur de perdre mon père des suites d'une hydropisie de poitrine, dont il souffrit beaucoup trois mois durant; il mourut *ab intestat*.

---

(1) C'était la pension ordinaire faite aux jeunes filles entrant en vêture, au XVIIIᵉ siècle.

Mariage d'Honoré de Gras.

« ... Je me mariai à Grasse, le 19 novembre 1767, avec demoiselle Charlotte-Catherine de Clapiers de Cabris, fille de messire Jean-Paul de Clapiers marquis de Cabris, résidant en cette ville de Grasse, et de dame Elisabeth de Lombard de Saint-Benoît.

« Notre contrat de mariage fut reçu le 18 novembre 1767 par M⁰ Antoine Court, notaire de la ville de Grasse. Il en résulte que M. de Cabris constitua de son chef à sa fille 45.000 livres, acompte desquelles il lui donna 4.000 livres de coffres, et il me paya les 41.000 livres restantes en capitaux cédés et en argent comptant.

« Mᵐᵉ de Cabris constitua de son chef à sa fille 5.000 livres qui ne seront payables qu'après sa mort, et dont jusques alors M. de Cabris s'obligea de me payer annuellement les intérêts au quatre pour cent; ainsi la dot de ma femme, qui a été mariée sous une constitution particulière, est de 50.000 livres ».

Tombeau de la famille de Gras.

Le dérangement des affaires de la confrérie des Frères pénitents noirs d'Aix, les ayant obligés de vendre leur chapelle à des particuliers, je fis transporter, le 7 octobre 1773, les cendres de mon père et de mes ancêtres dans un tombeau de l'église des RR. PP. Cordeliers. Ce tombeau est à la chapelle de Saint-Bernardin. Les Cordeliers, par une délibération du 6 mars 1775, ont donné à ma famille cette chapelle et son tombeau.

CHAPITRE III

Le Parlement Maupeou. — Exil de M. de Gras dans son château à Mimet.

Après avoir raconté l'histoire de sa famille, et continuant son *Livre de raison*, le nouveau seigneur de Mimet entre dans d'intéressants détails sur la suppression du parlement dont il faisait partie et l'établissement du parlement Maupeou.

« ... J'ai dit que le 31 mars 1746 j'avais été reçu conseiller au Parlement dans la charge que mon père m'avait achetée, avec l'argent de mon oncle, de M. de Gautier de la Molle. J'ai exercé cette charge jusqu'au 1er octobre 1771, jour auquel Louis XV cassa le parlement de Provence (1), ce qui faisait, à cette époque, 25 ans et six mois d'exercice. Je puis dire, sans vanité, avoir rempli pendant tout ce temps-là ma charge avec distinction, et m'être acquis l'estime de mes confrères et quelque considération dans la province. J'ai été chargé de beaucoup de grandes affaires, et j'ai toujours travaillé au point que ma santé en a prodigieusement souffert. J'ai été dans un état pitoïable pendant environ quatre ans et demi, malgré tous les remèdes que j'ai pris dans ce pays-ci, et ceux que l'on me donna à Paris où j'allais, en 1769, pour tâcher d'y rétablir ma santé.

« La récompense de tant de travaux et de la perte de ma santé a été d'être dépouillé par violence de ma charge de conseiller au parlement, d'être exilé comme je le suis depuis treize mois dans la terre de Mimet, et de n'avoir pas touché encore un sol du principal de ma charge qui a été liquidée à la somme de 40.000 livres, ni même des intérêts. Qui scait quand et comment ces 40.000 livres me seront remboursées ?

« L'on ne peut pas pousser l'oppression et l'injustice plus loin qu'on l'a fait à l'égard des officiers de l'ancien parlement

---

(1) Il est inutile de raconter ici l'histoire de ce qu'on appela les parlements Maupeou que tout le monde connaît.

de Provence. Le 3o septembre 1771, l'on nous signifia une première lettre de cachet, dans laquelle le roi nous ordonnoit de nous rendre, le 1er octobre, au palais, à huit heures du matin, pour y recevoir ses ordres, nous défendant, sous peine de désobéissance, de prendre aucune délibération, ni de former aucun vœu avant que ses ordres nous fussent connus.

« Nous étant, en conséquence, rendus au palais le 1er octobre à l'heure marquée, en robes noires, nous y trouvâmes M. le marquis de Rochechouard, commandant de la province, assisté de M. Le Noir, maître des requêtes. On lut d'abord des premières lettres patentes dans lesquelles le roi nous ordonnoit d'ajouter foi à ce que M. de Rochechouard nous dirait de sa part, comme si c'était Sa Majesté elle-même qui nous parlât. M. Le Noir prononça l'arrêt d'enregistrement de ces lettres patentes. On lut ensuite de secondes lettres patentes par lesquelles le roi cassait les offices du parlement de Provence, et ordonnoit à tous ceux qui en étoient pourvus de faire procéder à la liquidation des dits offices pour en être remboursés suivant cette liquidation. M. Le Noir prononça également l'enregistrement de ces secondes lettres patentes portant qu'elles seroient exécutées selon leur forme et teneur de l'exprès commandement du roi. Cela fait, on remit à chacun de nous des secondes lettres de cachet par lesquelles il nous étoit ordonné de nous retirer à l'instant chez nous, sans nous assembler auparavant en aucun endroit, d'y rester, et de n'y recevoir personne jusques à nouvel ordre, le tout sous peine de désobéissance.

« Quelque temps après que nous fûmes retirés dans nos maisons, on nous y signifia de troisièmes lettres de cachet, dans lesquelles le roi nous ordonnoit de sortir dans le jour de sa ville d'Aix, et d'aller, est-il dit dans les miennes, à Mimet, où je resterai jusqu'à nouvel ordre, me défendant de voir personne avant mon départ à peine de désobéissance.

« Il est à remarquer dans ces troisièmes lettres de cachet que le nom du lieu de mon exil que l'on y avoit d'abord écrit a été raturé, et qu'après cette rature on y a mis à la place le mot *Mimet*. La rature saute aux yeux au point qu'en raclant le papier on le déchira. D'ailleurs, le papier aiant été beaucoup raclé à l'endroit où l'on a écrit Mimet, a bû l'encre de ce mot. On y voit enfin que le nom du lieu où l'on m'envoyait en exil étoit fort long puisque la rature de ce nom a environ deux pouces de longueur. J'ai tâché de déchiffrer le nom de ce lieu avec une loupe, mais il n'y a pas eu moyen. Il paroit seulement qu'il finissoit par la lettre t. L'on voit dans les lettres de cachet de mes confrères même rature et même changement du lieu de l'exil que dans la mienne.

« L'on prétend qu'un jadis commis dans les bureaux des ministres et qui est actuellement conseiller dans le nouveau parlement de Provence, s'étoit fait adresser par intrigues le paquet des lettres de cachet qui nous exiloient, et cela dans l'objet de remplir le nom du lieu de notre exil qui étoit en blanc, en nous envoyant dans des lieux éloignés et d'un séjour désagréable. En conséquence le lieu de notre exil fut rempli, dit-on, par cet homme et par les autres meneurs d'œuvre. Celui-ci aiant ensuite porté nos lettres de cachet le 3ɔ septembre à M. le marquis de Rochechouard qui s'aperceut que le nom du lieu de notre exil étoit rempli, en fut traité comme un polisson. On prétend que M. de Rochechouard lui dit qu'il étoit un drôle, et que c'étoit par surprise qu'il s'étoit fait adresser les lettres de cachet pour remplir le lieu de l'exil ; mais que personne n'avoit ce droit-là que lui, et qu'il n'avoit accepté la commission désagréable d'être le porteur des ordres du roi pour la cassation du parlement de Provence, que sous la condition qu'on le laisseroit maître de choisir le lieu de notre exil. L'ancien commis se retira fort confus, et M. de Rochechouard fit raturer tout de suite les noms des lieux où l'on nous avoit exilé, et y fit mettre à la place le nom de l'endroit ou chacun de nous vouloit être envoyé, après nous l'avoir fait demander.

« Quoiqu'il en soit de cette anecdote qui est tout au moins fort vraisemblable, il est certain que M. de Rochechouard fit raturer les noms des lieux où l'on nous avoit exilé, pour y substituer ceux des endroits que nous choisîmes pour notre exil. C'est une très grande obligation que nous lui avons, et dont nous conserverons une reconnoissance éternelle. M. de Rochechouard executa avec toute la douceur possible la fâcheuse commission dont il ne s'étoit chargé qu'avec beaucoup de regret ainsi qu'il le disoit ouvertement et il eut pour nous tous les égards que l'on pouvoit désirer. Aussi sa personne et sa mémoire doivent être toujours en vénération dans les familles de l'ancien parlement de Provence. Il fut sensible à la destruction de notre corps au point que quand on faisoit au palais, le 1ᵉʳ octobre 1771, la lecture des lettres patentes portant notre cassation, il ne put retenir ses larmes.

« L'inhumanité et la barbarie de ceux qui avoient rempli le lieu de mon exil en m'envoyant dans un endroit éloigné de mon domicile étoit encore plus grande à mon égard qu'à celui de mes confrères, parce qu'à l'époque du 1ᵉʳ octobre 1771, j'étois dans un état de dépérissement qui faisait craindre pour moi. Ce déperissement étoit la suite d'une maladie qui duroit depuis plus de trois ans et demi. Elle avoit augmenté dans l'hiver de 1771, par une perte de sang que j'eus pendant un mois et demi par les hémorroïdes, et qui fut si forte que l'on ne croioit pas que je pus me tirer d'affaire. Ma situation que tout le monde connoissoit et qui certainement n'étoit pas ignorée de ceux qui m'envoioient en exil, je ne sçais où, ne les toucha point. Il est vrai que l'on ne pouvait s'attendre à trouver de sentiments d'humanités dans ces personnes qui, ne respirant que haine et vengeance, vinrent en corps s'emparer des places de leurs parents et de leurs amis. L'on vit dans cette occasion ce que l'on aura peine à croire dans la suite, le père usurper la place de son fils, le fils celle de son père, le beau-père celle de son gendre, le frère celle du frère ou du beau-frère, etc. Ma reconnaissance pour M. de Rochechouard n'a point de bornes. Je puis dire lui avoir obligation de la vie ; car si j'eusse été exilé loin de chés moi et dans un mauvais pays, il y a toute apparence que j'y serois mort. Ma santé étoit en si mauvois état en ce temps-là que le jour de la destruction du parlement, quand je fus rentré dans la grand chambre où nous nous rassemblions, M. de la Tour, notre premier-président, s'approchant de M. Le Noir, eut la bonté de lui dire : « Voilà

M. de Gras, dont je vous avois parlé, vous voïés qu'il n'est pas dans le cas d'être exilé attendu la triste situation dans laquelle il se trouve. » M. Le Noir en convint, et il dit à M. de la Tour que dès qu'il seroit arrivé à Paris, il demanderoit ma lettre de relâche qu'il m'enverroit tout de suite. Cette conversation de M. de la Tour et de M. Le Noir à mon sujet m'a été certifiée par un de mes confrères qui l'entendit.

« Cependant, malgré la promesse de M. le Noir, me voilà exilé depuis treize mois, et il y a apparence que je le serai encore longtemps ; car, à moins qu'il ne survienne quelque circonstance qui me forçât absolument à demander mon rappel, ce qui n'arrivera pas s'il plaît à Dieu, je suis bien déterminé à ne faire aucune démarche pour l'obtenir, tant qu'on ne le donnera que de la façon désagréable dont il a été accordé jusques à présent à tous ceux de mes confrères qui l'ont obtenu.

« Pour avoir son rappel, il faut s'adresser à celui qui est à la tête du nouveau parlement de Provence, et le prier d'écrire en vôtre faveur à M. de Maupeou, chancelier. C'est là une démarche que je ne fairai jamais, parce que je la regarde comme déshonorante pour nous. Que si l'on prend le parti de n'écrire qu'à M. le chancelier pour lui demander sa lettre de relache, il l'adresse à M. d'Albertas (1), qui l'envoit avec une lettre de sa part à celui qui l'a demandée. Comme je ne veux point recevoir de lettres du chef du nouveau parlement, de la part de qui toutes les choses polies qu'il peut nous écrire ne me paroissent dans les circonstances présentes que des injures, et que je ne veux point aussi être dans le cas de lui répondre, mon parti est pris d'attendre avec fermeté et patience dans mon exil les événements, quoique je trouve qu'il est fort désagréable d'être privé de sa liberté. Je prens d'autant plus volontiers ce parti qu'il me paroit le seul honorable pour les officiers des anciens parlements, et que d'ailleurs ma santé, graces à

---

(1) Premier-président du nouveau parlement.

Dieu, commence à devenir meilleure. Mes enfants trouveront dans mes papiers les trois lettres de cachet dont j'ai parlé ci-dessus (1).

« Ceux qui ont des charges dans les nouveaux parlements, font un métier déshonorant. Ils sont esclaves de leur chef qui l'est lui-même des ministres. Ils n'ont été mis dans les places qu'ils occupent que pour être les instruments des malheurs du peuple en enregistrant aveuglément les édits les plus onéreux et les plus préjudiciables au bien public. S'ils s'avisoient de faire la moindre résistance, ils s'exposeroient à être chassés de leurs places, ou tout au moins on suspendroit le payement de leurs gages jusques à ce qu'ils eussent fait ce que les ministres exigeroient d'eux. C'est là l'objet que l'on a eu en établissant cette prétendue justice gratuite qui n'en a pourtant que le nom ; car, de l'aveu de tout le monde, il en coûte plus actuellement pour plaider, par l'augmentation exhorbitante des droits des greffes, qu'il n'en coutoit dans les anciens parlements. Ainsi les ministres sont assurés de faire faire tout ce qu'ils voudront à ces nouveaux parlements. Le public qui voit ce qu'il en est, a le plus souverain mépris pour les officiers de ces corps qu'il appelle des *gens à gages*. Il regrette beaucoup les anciens parlements et il a une grande vénération pour ceux qui les composaient. Les personnes même qui parurent bien aise de notre destruction ont changé de façon de penser. Aussi faut-il convenir que ces nouveaux corps ne peuvent acquérir aucune espèce de considération ; car, outre que l'on est persuadé avec raison qu'ils sacrifieront en toute occasion l'intérêt public à la conservation de leurs places et au payement de leurs gages, ceux qui les composent n'ont ni la capacité ni la dignité des officiers des anciens parlements. Ils font leur métier comme des écoliers qui sont sous la férule d'un maître qui se dédommage par l'empire tirannique qu'il exerce sur eux, de l'esclavage dans lequel il se trouve lui-même à l'égard des ministres qui l'ont mis en place.

---

(1) Nous les possédons.

« Mes enfants qui auront des sentiments d'honneur, à ce que j'espère, ne prendront jamais des places aussi déshonorantes.

« Il faut cependant qu'ils ménagent toujours dans leurs discours l'état de la robe. Ils ne doivent même parler qu'avec le plus grand respect des anciens parlements, parce que c'est de l'ancien parlement de Provence qu'ils tiennent leur noblesse, ou tout au moins celle qu'on ne peut leur disputer. Cette noblesse, par les services d'Honoré de Gras, mon ayeul, et par ceux de François-Louis de Gras, mon père (sans compter les miens), a un effet rétroactif qui la fait remonter au 29 janvier 1669, jour auquel mon ayeul fut receu conseiller au parlement. Ce sera de cette époque que mes enfants et descendants compteront leur noblesse quand ils auront des preuves à faire. Dieu veüille qu'aucun d'eux ne s'en rende indigne !

« Le 10 mai 1774, jour de l'avènement du roi Loüis XVI à la couronne, nous étions encore quinze officiers du parlement de Provence exilés. Ce ne fut qu'en septembre 1774, que S. M. accorda le rappel à ces officiers, qui, comme moi, n'avoient pas demandé leurs lettres de relâche. Ces lettres arrivèrent par le courrier du 13 octobre même année. Elles furent adressées à M. Sénac de Meilhan, intendant de la province, qui les leur envoya avec une lettre polie de sa part. Par un événement fort singulier, je fus le seul des officiers du parlement qui ne receut point mon rappel en même temps que tous les autres, ce qui fit grand bruit à Aix et dans toute la province. Les membres du nouveau parlement et leurs adhérants dirent que c'étoit un oubli ; mais toutes les personnes désintéressées penserent que si je n'eus pas mon rappel avec mes confrères, ce fut parce qu'on l'avait envoyé peu après la destruction du parlement. Il faut convenir que cela est plus que vraisemblable, si l'on se rappelle la promesse que M. le Noir fit à M. de la Tour, dont j'ai parlé ci-dessus. Ce qu'il y a de certain, c'est que cinq ou six semaines après notre destruction, des personnes me firent faire les plus vives instances pour m'engager à demander mon rappel, jusques à me laisser entendre que l'on n'exigeoit pas

que j'écrivisse à M. le Chancelier et que je n'avais qu'à dire
que je désirois d'être rapellé, ce que je refusai de faire.

« On peut conclure, de tout cela, que M. le Noir, suivant
sa promesse, demanda ma lettre de rappel en arrivant à Paris,
et qu'elle fut envoyée tout de suite. Mais comme l'on vit que
j'étois sourd à toutes les sollicitations que l'on me faisoit
pour m'engager à la demander, on la garda en poche.

« Par une suite nécessaire de l'envoy de mon rappel en
1771, l'on me raya dans les bureaux des ministres de la liste
des officiers exilés du parlement de Provence ; et comme on
ne m'y trouva plus lors du rappel général, on ne m'envoya
point ma lettre de relache, parce qu'on crut que je l'avois
reçue en 1771. Tout cela est si fort vraisemblable, que l'on
peut le regarder presque comme certain.

« Il est d'autant plus possible que ma lettre de rappel ait été
gardée au-delà de trois ans qu'a la fin de juin 1774, mon méde-
cin aiant dit (certainement sans ma participation), qu'une perte
de sang que j'avois alors par les hémorroïdes (elle dura trois
mois et demi), me mettroit en danger de mort s'il me survenoit
le moindre accident attendu ma grande faiblesse, ajouta qu'il
se croioit obligé en conscience de me dire qu'il seroit nécessaire que je fusse à Aix pour qu'il put prendre soin de moi.
Mais il n'eut pour réponse qu'une piroüete, et une bouderie
qui dura deux ou trois jours. Ce dernier trait, qui est certain,
prouve que l'on a pû me laisser dans mon exil pendant plus
de trois ans, nonobstant ma mauvaise santé, et les raisons
qui, dans le printemps de 1773 et dans celui de 1774,
auroient pû me faire désirer de venir à Aix. En effet, l'on ne
put pas ignorer, en 1773, que je faisais inoculer dans cette
ville mes enfants, Jean-Paul et François qui ne prirent ni
l'un ni l'autre la petite vérole, parce que cela fit assez du
bruit. L'on dut également savoir, en avril 1774, que les aiant
fait inoculer à Aix une seconde fois, ils eurent tous les deux
la petite vérole (fort heureusement, Dieu merci). Lors de ces
deux époques, il n'étoit pas douteux que pour être auprès de
mes enfants j'aurois été enchanté d'avoir mon rappel, bien
que je ne le demanda pas ; mais comme je ne voulais pas
fléchir, l'on me laissa à Mimet dans mon exil.

« Ce que nous avons souffert pendant notre exil, est au-delà de tout ce que l'on pourroit croire ; car, outre la perte de notre état et de notre liberté, nous avons été dans le cas de craindre : 1° d'être attaqués en justice par les créanciers du parlement, dont quelques-uns nous en firent toute la peur ; 2° nous avions lieu de craindre de perdre le prix de nos charges, quoique leur liquidation eut été consommée, à cause du dérangement des finances de l'Etat ; 3° enfin, nous étions maltraités par ceux qui occupoient nos places dans les procès que nous avions par devant eux ; c'est ce qu'éprouvèrent plusieurs de mes confrères qui furent obligés de plaider, parce que les circonstances engageoient bien des gens et surtout les vassaux à nous faire des procès. J'éprouvai moi-même que ceux qui nous remplaçoient ne cherchoient qu'à nous faire de la peine : car les consuls de Mimet étant venus me porter plainte du scandale qu'avait causé dans le village une publication indécente qu'avoit fait faire un cabaretier du lieu ; je fis informer contre lui à la requête du procureur jurisdictionel. Ce cabaretier ayant répondu par devant mon lieutenant de juge, ensuite du décret d'ajournement qui avait été taxé contre lui, je fis renvoyer le jugement de la procédure par devant le siège d'Aix. Après avoir fait le procès extraordinaire, le siège condamna ce cabaretier à vingt-cinq livres d'amende envers le roi et à tenir son cabaret fermé pendant un an. Mais celui-ci aiant appelé de la sentence par devant le nouveau parlement, il fut mis hors de cour et de procès, quoique la preuve du délit fût parfaite contre lui.

« J'ai déjà dit que je ne receus pas ma lettre de relache lors du rappel général de mes confrères ; ainsi, à l'époque de la mi-octobre 1774, je me trouvai en Provence le seul exilé. Des personnes qui s'intéressoient à moi crurent, sans que je les eus sollicitées ni fait solliciter, devoir écrire à M. de Boisgelin, archevêque d'Aix, qui se trouvait alors à Paris, pour le prier de me procurer mon rappel. Mgr l'archevêque eut la bonté de le demander à M. de Miromesnil, garde des sceaux, qui lui répondit que l'intention du roi étant de rendre la liberté à tous les anciens officiers du parlement de Provence qui ne l'avoient point encore, je pouvois me regarder comme rappellé en même temps que les autres l'avaient été, et que la forme d'ordre qui manquoit à mon égard seroit la même pour moi que pour ceux qui avoient été rappelés en dernier lieu.

« En conséquence, le 22 novembre 1774, M. de Meilhan, intendant, m'envoya à Mimet ma lettre de rappel avec une lettre polie de sa part. Cette lettre de rappel, qui est datée du 13 novembre 1774, est conçue en ces termes :

« *Mons. de Gras, je vous fais cette lettre pour vous dire que je révoque tous ordres précédemment donnés contre vous et que je vous permets d'aller partout où bon vous semblera. Ecrit à Versailles, le 13 novembre 1774*, signé Louis.

« Mon exil a donc duré *trois ans un mois et vingt et un jour*; mais je me regarde comme bien dédommagé : 1° par l'agrément d'avoir eu ma liberté par un rappel général, sans l'avoir demandée ni fait demander ; 2° parce que j'ai receu ma lettre de relache par M. l'intendant et non des mains du chef du nouveau parlement, ce qui, suivant ma façon de penser, est un avantage qu'on ne peut assez apprécier. En outre, je n'ai point eu le désagrément : 1° d'avoir prêté serment de fidelité au roi Loüis XVI, à l'hôtel-de-ville, avec les autres habitans d'Aix par devant des commissaires du nouveau parlement, comme firent ceux de nos messieurs qui se trouvèrent alors à Aix ; 2° d'avoir encore prêté serment par devant le siège en qualité de possédant fief, ainsi que le firent également mes confrères qui étoient rappellés ; 3° Enfin je n'ai point vu nos places remplies par ceux qui composaient la commission (dont plusieurs, à ce que l'on dit, avaient l'air fort insolent), car les consuls d'Aix avoient mis le scellé au palais, le 4 janvier, c'est à-dire deux jours avant mon arrivée à Aix.

« Quoique j'eusse receu ma lettre de rappel le 22 novembre, je n'allai point à Aix. J'étois meme determiné à ne m'y rendre que la veille de la réintegration du parlement. Mais le capitaine de quartier que M. le marquis de Rochechouard avoit chargé de me remettre une lettre de cachet avec une lettre de sa part, n'aiant voulu donner le paquet qu'à moi-même, je partis de Mimet le 6 janvier 1775 avec ma femme et mes enfants, Jean-Paul et François, pour aller le recevoir. Au moment que je fus arrivé à Aix, le capitaine du quartier m'apporta le paquet. Par la lettre de cachet datée du 28 décembre 1774, le roi m'ordonnoit de me trouver à Aix, le 10 janvier suivant, pour y attendre ses ordres. J'eus l'honneur de répondre tout de suite à M. le marquis de Rochechouart, pour lui accuser la réception de cette lettre de cachet.

« Je puis dire avec vérité que dès que l'on sçeut que j'étais arrivé, je fus visité par toute la ville. J'eus grande attention de rendre mes visites à tout le monde, et même aux artisans dans leurs boutiques. C'étoit bien le moins que je pus faire pour reconnaître les bontés du public qui m'accueilloit avec la plus grande distinction, soit dans les rues soit dans les maisons où j'allais.

« Le 10 janvier 1775, je receus, ainsi que mes confrères, une seconde lettre de cachet dattée du 29 décembre 1774. Par cette lettre, le roi nous ordonnoit de nous rendre le jeudi, 12 janvier, à huit heures du matin, dans la grande chambre, et d'y attendre en silence ses ordres qui nous seroient portés par le s^r marquis de Rochechouard, lieutenant-général de ses armées et commandant en chef en Provence, assisté du s^r Feydeau de Marville, conseiller ordinaire en son Conseil d'Etat et au Conseil royal, qu'il avoit chargé de nous faire connoitre ses intentions, voulant que nous eussions, en ce qu'ils nous diroient de sa part, la même créance que nous aurions en sa propre personne. Mes enfants trouveront dans mes papiers ma lettre de rappel et les deux lettres de cachet dont je viens de transcrire le contenu.

« Nous étant rendus au palais le 12 janvier, nous fûmes réintégrés dans nos fonctions, aux acclamations du public, dont la joye sincère éclattoit sur tous les visages, et avec les cérémonies qui sont détaillées dans les relations imprimées des fêtes que l'on célébra lors et après la reintégration du parlement.

« M. de Rochechouard se conduisit lors de notre reintégration avec cette bonté et cette affabilité qui lui sont naturelles, et qui, avec juste raison, le font adorer dans cette province. Il dit qu'il ne pouvoit être dedommagé du chagrin qu'il avait eu d'être obligé de nous détruire, que par le plaisir qu'il avoit eu de nous réintégrer dans nos fonctions, et chacun fut persuadé de la sincerité de ce discours. En mon particulier, il me témoigna mille bontés qui me pénétrèrent l'âme et dont je ne perdrai jamais le souvenir.

CHAPITRE IV

Le droit royal de prélation. — Exemption partielle de droits de lods. — Anciens hommages rendus pour la terre de Mimet. — Usages et droits féodaux.— Prétentions de l'avocat-général des Comptes et du marquis d'Olières sur la seigneurie de Mimet. — Vente d'un domaine aux Mille.

Le conseiller de Gras, après avoir pris toutes les précautions que nous venons d'énumérer pour que sa nouvelle seigneurie de Mimet ne pût jamais être réclamée par les héritiers de son vendeur comme susceptible de *substitution*, envisagea aussi la question du *droit de prélation* qui aurait pu à un moment donné lui créer une situation difficile.

Il est nécessaire d'expliquer ici ce que l'on entendait jadis par droit de prélation. Dans le code de la féodalité, c'était le pouvoir qu'avait le Chef de l'Etat ou le haut seigneur primitif d'une terre de *prélever* pour lui ou *retenir* en cas de vente un fief, une terre mise en vente, de se substituer à l'acquéreur en un mot. Ses héritiers ou les acquéreurs de ce droit avaient continué à jouir de ce pouvoir. Ce droit s'appelait aussi droit de *rétention féodale*, de retrait féodal, il était très répandu (1).

Honoré de Gras raconte, d'autre part, qu'il exerça plu-

---

(1) Nous en avons signalé un exemple très caractéristique dans l'histoire du fief de Roquefeuil appartenant aux Isoard de Chénerilles à propos de l'acquisition d'une portion de cette terre faite en 1718 par M. de Lortemar et que revendiqua Gaspard d'Agoult, après en avoir reçu l'autorisation du roi appuyé par un jugement du bureau des trésoriers de France en 1732 (a).

(a) *Bulletin de la Société Scientifique de Digne*, 1895-96.

sieurs fois lui-même ce droit pour l'acquisition de portions de
terre à sa convenance dans les limites de sa seigneurie. Mais,
ajoute-t-il, de même que le roi, comme héritier des comtes
de Provence, aurait pu retenir pour lui la seigneurie de Mimet,
il avait aussi le droit de céder à un tiers son droit de prélation ou retrait féodal et c'était ce qui était à redouter (1).

« .... J'avais bien prêté, le 9 août 1771, hommage au roi
« pour la terre de Mimet, devant la Cour des Comptes, aides
« et finances qui m'en avait donné l'investiture féodale et
« j'aurais pu me croire dispensé de prendre le *don de droit*
« *de prélation* de S. M. ; mais je n'étais pas sans crainte
« pour l'avenir parce qu'une personne riche, comme il y en
« a beaucoup dans le grand négoce de Marseille, aurait pu
« obtenir du roi cession en sa faveur de ce don royal de pré-
« lation. Ma terre de Mimet est très tentante, c'est une des
« mieux situées et des plus belles des environs d'Aix et de
« Marseille, très rapprochée de ces deux villes importantes
« et avant que mes fils ou moi eussions eu sa possession
« trentenaire, nous avions toujours à redouter qu'on vînt
« nous en déposséder. Il est vrai que j'eusse été remboursé
« de mes frais d'acquisitions, mais je ne l'aurais jamais
« été de mes améliorations et des ennuis que j'aurais éprou-
« vés. Jadis ces droits de prélation étaient très peu coû-
« teux ; et ils entraient pour presque rien en ligne de
« compte dans un achat ; mais les besoins de l'Etat en ont
« accru considérablement les redevances, et ce droit, juste au
« moment où je faisais mon acquisition, était relevé au

---

(1) Ce droit se liait avec celui d'*insolutundation* que nous avons expliqué pour
la vente du village de Chénerilles aux Isoard en 1423 (a) et qui se résume par ce
fait qu'en principe aucune terre du Domaine royal ne pouvait s'aliéner, et il
y avait bien peu de fiefs qui n'aient été la propriété de la Couronne. Or, le Chef
de l'Etat ne pouvait aliéner le bien de son royaume, mais ses besoins d'argent le
mettaient souvent dans la nécessité d'agir autrement ; il vendait alors sous la
forme de vente à réméré, dirions-nous aujourd'hui, *ou d'insolutundation*, disait-
on jadis. D'autre part, il se réservait le droit de reprendre ses terres, de les *retenir*
pour lui en cas de revente, c'était son *droit de prélation*, dont il faisait argent ou
bénéfice, comme nous allons le voir pour la terre de Mimet.

(a) *Histoire de Chénerilles et de ses seigneurs, les Isoard et les Salvan*. Digne, 1901, p. 59,
note.

« point que j'ai hésité un moment, même sur le conseil de
« personnes bien compétentes cependant, à le demander au
« roi. Les unes me disaient qu'il n'était plus en usage, d'au-
« tres que si je plaidais contre celui qui voudrait l'exercer,
« je gagnerais mon procès. Mais toutes réflexions faites, la
« prudence me conseilla d'agir comme j'en avais l'intention,
« d'autant que j'avais mis de côté l'argent pour cette dé-
« pense : en conséquence, je demandais au roi le *don de*
« *droit de prélation* que Sa Majesté m'accorda par lettres
« patentes du 2 septembre 1775. Elles furent enregistrées à
« la Cour des Comptes, le 28 novembre suivant, au rég. inti-
« tulé *Lætiliæ*, folio 199.

« Ces lettres de droit de prélation me coûtèrent 3.589 li-
« vres 16 sols et avec tous les frais divers d'enregistrement,
« etc., leur dépense s'éleva à 5.181 livres ».

EXEMPTION PARTIELLE DES DROITS DE LODS POUR L'ACHAT
DE LA SEIGNEURIE DE MIMET.

Honoré de Gras fait remarquer que, pour les droits de lods
ou d'enregistrement, il ne donna que 6.180 livres pour son
acquisition de la seigneurie de Mimet au prix de 250.000 livres « parce que c'était un des privilèges de la charge de
conseiller au parlement d'être exempt des 14 sols par livre
du montant de ces droits qui avaient été jadis imposés en
surtaxe » et il ajoute :

« J'en fus d'autant plus heureux que j'ai été un des derniers qui aient profité en Provence de l'exemption des lods
pour l'acquisition des fiefs, car dès le 1er janvier 1772, le
roi révoqua tous ces privilèges d'exemption ».

INDICATION DES ANCIENNES PRESTATIONS D'HOMMAGES DE LA SEI-
GNEURIE DE MIMET (1) QUI FIGURENT DANS LES REGISTRES DE LA
COUR DES COMPTES.

L'acte primordial d'inféodation de la seigneurie de Mimet
ne se trouve pas dans les registres de la Cour des Comptes,

---

(1) Ces indications peuvent compléter celles déjà données par M. de Gérin-Ricard.

on n'y rencontre que l'indication des hommages suivants :

Registre, n° 86, f° 31 : 8 octobre 1433, hommage de noble Pierre Chaussegros pour la 4° partie de la 3° portion de Mimet.

Registre 22, f° 211 : 26 avril 1537, dénombrement de la terre. Autres dénombrements faits, le 15 novembre 1620, le 29 mars 1688, le 10 juin 1701, aux registres 25, 30 et 31.

A la date du 31 mai 1683, au nom Mimet, il est dit dans l'état général des domaines du roi en Provence : « .... Cette terre appartient à noble Louis d'Estienne de Chaussegros avec la directe universelle ». Raymond Samat, premier consul de Mimet, dans sa déclaration à cette date, n'accusa rien au profit du roi, se contentant de dire que Mimet relevait de la viguerie d'Aix ; mais par jugement des commissaires du domaine du 30 février 1685, les consuls furent condamnés à ajouter que la commune *devait au roi la cavalcade* à raison d'un cheval armé avec *la quiste* (1).

Le 25 avril 1508, il y eut compromis entre Marc Foissard, seigneur de Mimet, et noble Michel de Forbin, sur les limites du terroir dudit Mimet et celles de Fuveau, Gréasque et Gardane.

En 1503, hommage fut prêté par Marc Foissard à M. d'Ollières.

Le 10 août 1433, vente fut faite à Pierre de Chaussegros du tiers de la co-seigneurie de Mimet par Pierre de Velaux, écr. Jean Matte, notaire (2).

Le 26 février 1498, hommage de Balthazard d'Agoult pour Mimet, registre de Ferrand, notaire, f° 134.

En 1528, aux écritures de M° Arnaud, extensoire, f° 47, lods payés par noble Claude Salvaqui, fils de noble Olivier, d'un affart à Fonsbelle, dans le terroir de Mimet.

En 1364, transaction entre le seigneur de Mimet et la commune au sujet de la bastide, dite « le logis ».

En 1493, criées annuelles, aux écritures de Ant. de Valbelle, f° 191.

---

(1) Nous ignorons la portée de ce terme.
(2) Cette vente est signalée par M. de Gérin.

Le Vieux Château de Mimet.

Chateau-Bas.

Le 28 août 1680, vente par noble François-Robert Doria, écuyer, seigneur de Saint-Césary et de Mimet, à noble Cosme d'Estienne de Chaussegros, aussi seigneur dudit Mimet, de la *maison basse* et seigneurie d'icelle, au prix de 21.000 livres.

Le vieux château était inhabité depuis plusieurs siècles lorsque Cosme d'Estienne, à la suite de cette acquisition du domaine de la maison basse, fit construire un château sur ce point qui prit le nom de *Château-Bas* et qui devint l'habitation d'été des seigneurs de Mimet. Quant à être une seigneurie distincte de celle de Mimet, la réponse que fit, en 1783, Honoré de Gras à M. de Rémusat, avocat général de la Cour des Comptes, et que nous allons donner, prouve que c'était là une erreur.

Nous lisons encore, dans le livre de raison de Honoré de Gras, sous la rubrique : *Notes concernant ma seigneurie de Mimet,* les quelques détails suivants :

« Dans la commune de Mimet, les droits de lods ou de mutation pour ventes se payent à raison du *douzième.*

Tous les biens fonds que je possède à Mimet *sont nobles,* à la réserve du tènement de la Galinière qui est roturier et pour lequel je paye la taille.

Les journées des travailleurs se payent dans cette commune à 15 sols l'hiver et à 20 le reste de l'année, d'un soleil à l'autre, fixé eu égard aux prix des denrées et sur la nécessité aux ouvriers de nourrir leur famille.

J'ai dans ma terre de Mimet la directe universelle, la banalité des moulins et du four ; pour ce dernier, le droit de cuissage ou fournage se prend au *quarantième* et celui de moudre le blé au *vingtième.* La dîme est au *treizième* pour les biens roturiers et au *vingtième* pour les biens nobles, toutes payables en nature. »

Affermage de droit de pulvérage.

« Les troupeaux qui passent par le terroir de Mimet doivent *le droit de pulvérage* ou de péage. En 1780, j'avais affermé ce droit au s^r Gueydon, de Mimet, déjà fermier des moulins, à raison de six deniers par trentenier de têtes (1).

Le 8 juin 1790, écrivant Me Bourgal, notaire de Gardane, j'affermais pour six ans au s^r Vaussan, fils de Joseph, négociant dudit Gardanne, les revenus complets de ma terre de Mimet, sauf les bois, pour la somme annuelle de 8.966 livres seulement. » La suppression des droits féodaux, arrivée quelques mois auparavant, avait beaucoup diminué les revenus de ma terre.

« .... A l'occasion de l'avènement de Louis XVI à la couronne, j'avais prêté un nouvel hommage pour mes seigneuries de Rousset et de Mimet ; aussi, je fus fort étonné de recevoir, au mois de septembre 1783, la lettre suivante de M. de Rémusat, avocat-général de la Cour des comptes de Provence :

« Vous avez prêté hommage, Monsieur, pour votre fief de
« Mimet, mais vous avez oublié d'y faire énoncer *la maison*
« *basse* ou *château bas* qui en est un démembrement et que
« je trouve afforiné séparément, art. 68, et cottisé un florin.
« Je vous prie de donner des ordres nécessaires pour qu'on
« remplisse incessamment les formalités requises, à l'effet
« que cette omission soit réparée.
« Je suis, etc.

« Signé : Rémusat.

« Aix, le 12 septembre 1783 ».

Je répondis à cette lettre que je n'avais aucune connaissance que la *maison basse* eût jamais été démembrée du fief de Mimet, qu'elle avait été afforinée séparément parce qu'elle

---

(1) Il existait à Mimet un antique droit féodal, peu coûteux. A chaque fête de Noël, une députation d'habitants venait offrir à la dame de Mimet, et enfermé dans une cage, un roitelet vivant, *une pélouse*, qui était remis par elle en liberté. Les porteurs recevaient une lucrative *bona mane* ; aussi ce présent continua-t-il à être offert à Mme de Gras jusqu'à sa mort, arrivée à Aix en 1825.

Nous avons signalé cet ancien droit féodal de Mimet dans notre histoire des Tributiis et du fief de Sainte-Marguerite, à propos de l'épervier que les seigneurs de cette terre devaient à ceux de Pierrevert.

avait été désemparée à un fils cadet de la maison de Chausse-gros ; que M. de Régusse n'avait jamais prêté hommage *que pour le fief de Mimet* et que si l'on me prouvait qu'au lieu d'un fief j'en ai deux dans ma terre, je prêterais volontiers hommage pour celui de la *maison basse*. Sur cette réponse, on ne me demanda plus cet hommage.

Le 3 mai 1786, je fus appelé encore à donner le dénombre-ment de mes seigneuries de Mimet et de Rousset.

En 1787, j'ai fait mes preuves de noblesse pour assister aux Etats de Provence dans le rang des gentilshommes pos-sédant fiefs. L'ouverture s'en fit à Aix, le 31 décembre 1787 ; ces Etats furent pléniers. Le 25 janvier suivant, eut lieu une nouvelle réunion des Etats à laquelle j'assistais aussi.

PRÉTENTIONS DU MARQUIS D'OLIÈRES A LA HAUTE SEIGNEURIE SUR MIMET.

« ... En 1786, Louis de Félix d'Olières, en qualité d'ancien baron de cette terre, prétendit *être haut seigneur de la moitié de Mimet*, et le 19 août de cette année, il présenta requête au lieutenant-général du siège pour que j'eus à lui prêter foi et hommage pour cette moitié de ma seigneurie, sinon elle tomberait en commise (1) et serait réunie au domaine suze-rain de sa baronnie d'Olières.

« Ayant fait assigner en garantie le jeune marquis de Régusse comme fils du vendeur, je fis donner aussi assigna-tion à Me Bonnety ayant procuration du curateur du jeune homme mineur, M. des Jardins, de Paris. M. Bonnety fit assigner à son tour l'administrateur du domaine royal, en restitution d'une partie des lods payés lors de la vente de la seigneurie ; mais celui-ci me communiqua une ancienne sentence du siège d'Aix qui avait déjà renvoyé, le 24 juil-let 1662, M. d'Olières de pareille prétention.

« Malgré ce, M. de Félix ayant voulu faire appel, la cour

---

(1) Terme de jurisprudence féodale qui signifiait *confiscation* au profit du sei-gneur supérieur, faute par le vassal de rendre les hommages et obligations im-posés.

le débouta par un arrêt du 19 février 1788. Mais, m'ayant fait signifier un expédient, je fis opposition, alléguant que M. d'Olières n'avait pas le droit de se qualifier de marquis d'Olières, attendu que ce qualificatif pouvait nuire à mon titre de seigneur complet de Mimet, et cela parce que le roi, en 1689, avait érigé cette terre d'Olières en marquisat: qu'il l'avait fait sur les renseignements mensongers fournis par M. d'Olières lui-même qui prétendait que les fiefs de Rousset et de Mimet étaient incorporés à sa baronnie d'Olières et en relevaient, et cependant, alors comme aujourd'hui, ces fiefs *ne relèvent que du Roi.*

« Je fis à mon tour signifier au marquis d'Olières défense de se qualifier *seigneur majeur de Mimet.* Mon expédient fut accepté par le procureur de M. d'Olières, par celui de M. de Régusse, par M. de Montmeyan, avocat général ; mais M. d'Olières, âgé de plus de 80 ans, homme très entêté et opiniâtre, d'un caractère très difficile, ne voulut jamais signer lui-même son acceptation; il fallut que M. Coquilhat, son procureur, la signât pour lui avec cette formule : *pour M. le marquis d'Olières en vertu de mes pouvoirs.* Enfin par arrêt final du 30 mars 1789, le Parlement accepta mon expédient et confirma de nouveau la sentence de 1662, *déclarant le roi seul seigneur suzerain de Mimet,* et faisant défense expresse au *marquis d'Olières de se qualifier seigneur majeur de Mimet,* à peine de 10.000 livres d'amende pour chaque contravention, et le condamnant, en outre, aux frais (1) ».

N. B. — Dans le procès que j'ai eu avec M. d'Olières, ajoute M. de Gras, il fut par lui communiquée une pièce de transaction passée, le 6 juillet 1465, entre Guilhaume Chaussegros, co-seigneur de Mimet, et Francisque de Roquefort, fille à feu Pierre aussi co-seigneur dudit Mimet, dans laquelle il est dit qu'à cette époque *le château* tombait en ruines et que le village autour, en ruines aussi, était inhabité.

---

(1) On peut rapprocher ce procès de celui qu'avait eu, en 1757, M. de Chènerilles contre M. de Bernier de Pierrevert pour la seigneurie de Sainte-Marguerite (a).

(a) p. 14, *Hist. des Tribuliis loco citato.*

AMÉLIORATIONS APPORTÉES A LA TERRE DE MIMET, CE QU'ELLE AVAIT FINI PAR COUTER.

« ... Dès le lendemain de mon acquisition de Mimet, je procédais, écrit encore Honoré de Gras, à l'amélioration de mes terres et à l'embellissement du tour du château, où tout était abandonné et négligé... »

M. de Gras raconte donc en détail les plantations de vignes, d'arbres divers, ormeaux, tilleuls, pins, alisiers qu'il fit faire dans ses domaines et aux avenues de son château. Souvent ses ouvriers étaient dans l'obligation de faire des trous dans des rochers appelés dans le pays *malaussène* (1), qui ne pouvaient se briser que par petits morceaux et avec le pic.

Il parle aussi des fontaines qu'il créa, des eaux qu'il amena dans ses parterres, etc., pour toutes ces améliorations, ne manque-t-il de dire, il avait dépensé plus de 80.000 livres, et pour l'ensemble de sa terre, depuis son acquisition, 370.000.

VENTE DU DOMAINE APPELÉ LOQUI, AU TERROIR DES MILLE.

« ..Le 26 avril 1774, je vendis, écrivant Perrin, not. à Aix, par procuration donnée à ma femme, à cause de mon exil, ma bastide de Loqui, au terroir des Mille, à M. Pierre-Antoine Sage, natif de Paris, demeurant à Saint-Pétersbourg, au service de S. M. I. de toutes les Russies. Sur les 22.000 livres que j'en retirais, j'en plaçais sept sur les Messieurs Pin, marchands drapiers d'Aix, connaissant leur solvabilité et parce que je sais qu'ils ne font jamais aucune folle dépense et qu'ils sont rangés dans leurs affaires. Je fais d'ailleurs une grande différence de la sûreté de la fortune des marchands d'Aix où les banqueroutes sont fort rares d'avec celle des

---

(1) Nous appelons l'attention sur ce mot : les pays appelés Malaussène ne tireraient-ils par leur dénomination de cette qualité de pierres qui n'est qu'une marne argileuse peu homogène, d'où son nom *mala sana pas saine*, impropre à bâtir.

négociants de Marseille que je regarde toujours comme incertaine tant qu'ils sont dans le commerce, quelque riches qu'ils paraissent être ».

M. de Gras ajoute ensuite qu'il avait la certitude de pouvoir reprendre cette somme quand il en aurait besoin, chez les MM. Pin, et c'est ce qui arriva quand, quelques mois plus tard, il eut à meubler sa nouvelle maison de la place des Prêcheurs, à Aix.

CHAPITRE V

La maison de Gras sur la place des Prêcheurs. — L'échafaud fixe qui est sur cette place. — Difficultés avec le gardien de Notre-Dame des Anges. — Le carcan seigneurial de Mimet. — Ce que rapportait une charge de conseiller au Parlement de Provence à la fin du XVIIIᵉ siècle. — Son remboursement par la nation. — Achat du domaine de Saint-Mitre.

Au sujet de la maison d'Aix, Honoré de Gras écrit :

« ... La grande maison sur la place des Prêcheurs, à Aix, dont j'avais héritée de mon oncle Louis Bruno de Mayol, conseiller aux Comptes en 1723, avait été acquise par mon aïeul, son père, de M. d'Arnaud de Rousset, le 14 septembre 1716, au prix de 15.000 livres, écrivant Guyon, notaire d'Aix (1).

« A l'époque de la mort de mon oncle, en 1766, la majeure partie de cette maison était à terre, à peine avait-on commencé à la rebâtir. Je fis continuer cette bâtisse, et les appartements en façade furent prêts en 1769, à la mort de mon oncle l'abbé de Mayol, et définitivement en 1771. Les dépenses de cette maison s'élevèrent à 37.000 livres » (2).

---

(1) Henri d'Arnaud, seigneur de Rousset et de Vallongue, mari d'Elisabeth de Perrier.

C'est aujourd'hui la maison de la dame Vᵛᵉ Coupin, n° 3, de la place des Prêcheurs, bien en face de l'église de la Madeleine, possédant encore sa porte en bois due au ciseau de Saurin. La porte en pierre avec ses sculptures, dues au ciseau de Chastel, a été agrandie, pour ouvrir un imposte permettant d'éclairer le vestibule.

(2) Nous possédons les comptes de tous les ouvriers qui travaillèrent à sa

Porte en noyer de la maison de Gras de Prégentil
sur la place des Prêcheurs, sculptée par J.-B. Saurin, en 1766.

Le Sieur Sauvin Sculpteur en boy de cette ville promet a
Monsieur de gras Conseiller au parlement, et s'oblige de Sculpter
les ornements Sur la porte de boy noyer qui doit etre faitte pour le
vestibule de la maison de M l'abbé de Mayol son oncle, situéé Sur la
place des prucheurs, tels qu'il les a dessinés luy même en grand Sur
le dessein qui a été tracé de ladite porte dans la boutique de la
dlle fregier menuisier, moyenant la Somme de quatre vingt sept livres
Sous la Condition que tous les Susdits ornements Seront bien executés, et
finis avec tout le goût possible. La presente les. Sauvin S'obligeant
d'y travailler sans discontinuer, du moment que ladite porte luy Sera
remya dans Son attelié. la presente faitte a aix le vingt neuf
juillet mille sept Cent Soixante Six .

j'ay roue lecriture cy defsus J.B Sauvin

j'ay reçu de monsieur le Conseiller de gras
quatre vingt sept livres pour le prix des
ouvrages mentionne dans la Convention
cy defsus aaix le 2 juin 1767
J.B Sauvin

C O N V E N T I O N

entre Honoré de Gras, Conseiller au Parlement, et J.-B. Saurin,

pour la sculpture de la porte en noyer de la maison de la place des Prêcheurs,

du 29 Juillet 1766.

(Collection Paul Arbaud, à Aix.)

« ... En 1780, pour agrandir ma maison, dit encore M. de Gras, j'achetai dans la rue Rifle-Rafle, et au prix de 5.000 livres, la maison de l'avocat Ailhaud, par lui jadis acquise de M. du Périer, écuyer de main de Sa Majesté (1).

« En 1776, ma maison de la place des Prêcheurs fut imposée extraordinairement d'une somme de 600 livres par suite de la plus-value qu'elle était censée acquérir par la démolition de l'échafaud fixe et bâti en pierre qui était sur cette place et qui fut démoli par permission du roi le 4 décembre 1775.

« Dans tous les cas, nous n'eûmes plus le hideux spectacle des exécutions et de cette cohue qui les accompagnait toujours ».

Difficulté avec les Pères de Notre-Dame des Anges.

« ... En 1783, le P. Mauvans, supérieur de la maison de Notre-Dame des Anges, fit abattre le pilier qui était au-devant de la porte de l'église et auquel sont attachés deux écussons à mes armoiries et un carcan (2). Il fit reconstruire ce pilier à trois cannes environ de l'endroit où il était. Averti du fait, je portais plainte au lieutenant-général de la sénéchaussée d'Aix. Le P. Mauvans, apprenant que ce magistrat allait venir visiter les lieux, m'offrit de faire rétablir, à ses frais, le pilier au point où il était. Ce qui eut lieu. Ce pilier a 9 pans de haut et à la base, un pan et trois quarts d'épaisseur ; il est à 19 pans de la façade de l'église, et à 6 cannes

---

construction, parmi lesquels on retrouve les noms de Saurin et de Chastel pour les sculptures de certains ornements et armoiries.

Ce sont ces armoiries que nous donnons en tête de ces pages, beau travail en marbre dû à Chastel et qui fait partie des collections de M. Paul Arbaud, qui a bien voulu le faire reproduire, pour cette publication ainsi que celui de la porte.

(1) Charles-Philippe du Périer, fils de François et de demoiselle Hamart de Chevrigny, descendant du célèbre ami du poète Malherbe, immortalisé par le vers que l'on connaît.

(2) On sait ce qu'était le carcan et en quoi consistait son usage comme punition afflictive et infamante ; ce que l'on sait moins, c'est que ce n'est pas à la Révolution qu'il fut supprimé, mais par une loi de 1832 et remplacé par l'exposition simple qui, à son tour, disparut en 1848.

de la façade de la maison. Le carcan est placé du côté du midi ; un écusson à mes armes se trouve faisant aussi face au midi et l'autre au couchant.

« En février 1782, le même P. Mauvans avait fait faire une coupe dans mes bois ; il n'a pas accepté l'arbitrage de messieurs les conseillers de Beauval et de Saint-Martin qui le condamnaient et j'ai dû le poursuivre devant Messieurs de la Chambre des eaux et forêts qui prononcèrent arrêt contre lui le 10 juillet 1783. Par cet arrêt, il fut défendu aux Pères de l'Oratoire de faire aucune coupe dans mes bois ; ce qui était différent d'avoir faculté et usage du bois, droit que je ne leur contestai pas ; pendant que le P. Mauvans était assigné, les Pères de l'Oratoire le remplaçaient dans la direction de la maison de Notre-Dame des Anges par le P. Gérard. Et c'est à lui que je fis signifier l'interdiction de garder dans mes bois les troupeaux de sa bastide de Verdillon, terrain de Gardane, et des autres bastides que sa maison possédait ; j'obtins le remboursement des dix-neuf gros pins que son prédécesseur avait fait couper, j'exigeai la vérification des limites de nos bois respectifs, afin d'éviter à l'avenir toute difficulté ».

Ce que me rapporte ma charge de conseiller au Parlement.

« ... J'ai calculé le revenu de ma charge de conseiller au Parlement d'Aix depuis ma réception en 1746 jusqu'au 1er octobre 1771, époque où ledit parlement fut cassé ; j'ai trouvé que bien que ma mauvaise santé ne m'ait pas permis de travailler les quatre dernières années de mon exercice, ma charge, an par an, m'avait rendu 1.661 livres.

« De la réinstallation du Parlement à sa suppression, bien qu'aussi j'ai dû, par maladie, rester à Mimet dans les années 1775-76-77 et partie 1778, ce revenu a été de 2.039 livres, ce qui fait au-delà de 5 o/o d'intérêt des 40.000 livres qu'elle m'avait coûté. Je n'ai pas tenu compte du franc-salé que j'ai pris en nature (provision de sel exemptée des droits que payait le public) ».

IMPOSITIONS EXTRAORDINAIRES AU MOMENT DE LA RÉVOLUTION. — SUPPRESSION DES PARLEMENTS. — ACHAT DU DOMAINE DE SAINT-MITRE A SAINT-MAXIMIN.

« ... Le 22 décembre 1789, j'ai dû faire la déclaration de mes revenus de Mimet et autres, déduction faite néanmoins de toutes charges, afin d'établir ma contribution patriotique du quart de ces revenus. Ce quart a été fixé à 2.400 livres, dont j'ai payé le premier tiers le 12 juillet 1791 à M. Henricy, trésorier de la ville, ayant donné à M. Pin, receveur de la viguerie, quittance d'un trimestre du revenu de mon office de conseiller s'élevant à 510 livres.

« A la suppression des parlements, ma charge fut liquidée, en juin 1791, à 40.000 livres qui furent remboursées en assignats sur le taux de 44.000 livres et employées pour leur sûreté, bien qu'à contre cœur, au paiement d'une partie du domaine de Saint Mitre, qui avait appartenu aux Dominicains de Saint-Maximin. Nous acquîmes ce domaine pour le prix de 170.000 livres, de moitié avec la dame Anne-Catherine de Bayon, épouse de M. Ricard, député à l'Assemblée nationale pour la sénéchaussée de Toulon, qui avait été mon procureur fondé pour s'occuper, à Paris, de la liquidation de mon office.

CHAPITRE VI

Suppression de la féodalité. — Encadastrement des biens du seigneur à Mimet. — Destruction des livres terriers. — Usurpation des terres gastes de Mimet.

BIENS DE LA SEIGNEURIE DE MIMET MIS AU CADASTRE EN 1790.

Dans les derniers affouagements passés de 1698 à 1731, les consuls de Mimet avaient déclaré n'avoir que les droits de bûcherage et de dépaissance sur la montagne et avaient reconnu que les terres gastes appartenaient en propre au seigneur, qu'ils n'avaient dans l'étendue de la commune ni domaine ni bien fonds.

En 1790, à la chute du régime féodal, le bien du seigneur de Mimet fut encadastré ; il fut compris en 23 articles ainsi énumérés :

1° Le bâtiment et terres du Château-bas contenant 111.100 cannes faisant 74 charges deux tiers de panal, estimés 2.575 livres de revenus.

2° Terres du quartier de Curet, 32.000 cannes 21 charges 3 panneaux, estimées 144 livres de revenus.

3° Les bâtiments et terres de Doudon, estimés 1.929 livres.

4° Les terres au quartier de Sautadou, estimées 12 livres.

5° Les bois au quartier de Sanjone, dit Lubac, estimés 110 livres.

6° Terre au quartier de Peiresc, estimée 184 livres.

7° Bâtiment ruiné et terres au même quartier appelé *bastide de Peiresc* dépendant aussi du domaine de la Tour (1), estimés 147 livres.

8° Autres terres en vigne et oliviers aussi du même domaine, estimées 216 livres.

9° Terres au quartier de la Vignasse, du même affar, estimées 319 livres.

10° Les bâtiments et terres de ce domaine, estimés 1.181 livres.

11° Les terres du quartier de Greou, même domaine, estimées 210 livres.

12° La partie du vieux château servant d'auditoire de justice, estimée 7 livres 10 sols.

13° La propriété agrégée du bois de la Glacière, estimée 29 livres.

14° Le bois tailli, dit le Devès, ou Déven (Défends) estimé 86 livres.

15° Les bâtiments et terres de la Galinière, estimés 775 livres.

16° Montagne dite N.-D. des Anges, appelée communément la coëlle (colline) plantée de pins, dans laquelle les habitants ont le droit de faire du bois, confrontant les communes de Saint-Savournin, Simiane, Allauch, déduction faite des terres qui n'appartenaient pas au seigneur, la dite montagne contenant 1.459.500 cannes faisant 973 charges, estimée 603 livres.

17° Le moulin à eau avec bâtiment, bords et regals, estimé 500 livres.

---

(1) Aujourd'hui *Peyret*, où sont les ruines d'une villa gallo-romaine.

18° Le moulin à vent, quartier de la Dillote ou Diote, estimé 170 livres.

19° Le four et son revenu sous le vieux château, estimés 340 livres.

20° Les censes en argent que font les habitants suivant ma déclaration, estimés 866 livres.

21° Les censes en blé, estimés 5.200 livres.

22° Les censes en poules, estimés 102 livres.

23° Le revenu des droits de lods, estimé 222 livres.

Le total de l'allivrement de mes biens ci-devant nobles s'élevait à 15.933 livres 14 sols.

Abandon de mes terres gastes a la commune.

« ... Aux années 1794 et 1795, la commune de Mimet, qui cependant avait reconnu autrefois, venons-nous de dire, qu'elle ne possédait rien dans son territoire, demanda la propriété exclusive de toutes les terres gastes qui m'appartenaient par la puissance féodale, pour être transformées en biens communaux. Elle n'osa s'emparer carrément de ces biens et, *gardant un certain respect pour ma personne*, elle me fit proposer d'en passer par la décision d'un arbitrage juridique. J'acceptai et, comme j'en avais le pressentiment, les arbitres, terrifiés par le règne de Robespierre, décidèrent que la commune garderait la propriété de la montagne de Notre-Dame des Anges, les terres gastes de Doudon et celles aussi qui dépendaient de mes autres domaines de Château-bas, de la Tour et de la Galinière ; c'est ainsi que je fus dépossédé de mes droits ».

Destruction des anciens livres terriers de Mimet.

« ... Par les derniers décrets de la Convention, rendus en 1793, les censes, redevances et autres droits féodaux avaient été supprimés sans indemnités par l'art. VII de la loi du 17 juillet 1793, tous les anciens papiers terriers devaient être déposés aux greffes des municipalités pour être brûlés. Par le sentiment de terreur que m'inspirait la tyrannie de Robespierre et de son règne, j'envoyai de Marseille, où j'étais alors, à la municipalité de Mimet, les deux volumes contenant les extraits de reconnaissance des habitants passés de 1772 à 1788 ; la commune m'en donna quittance. L'année suivante, pour le même motif de crainte, cédant aux instances réitérées de ma famille, je déchirais les deux volumes d'extraits de reconnaissances passées en faveur de M. de Régusse ; nous craignions les visites nocturnes dont on nous menaçait chaque jour.

CHAPITRE VII

La Révolution. — Départ d'Aix, séjour à Marseille, à Saint-Maximin ensuite. — Scellés mis sur les maisons d'Aix et de Mimet. — Vols qui y sont commis. — Retour à Aix. — En 1798, M. de Gras est arrêté comme agent de Pitt. — Sa mort en 1799. — Ses deux fils, l'aîné, maire d'Aix et conseiller à la Cour. — Vente de la terre de Mimet. — Fin de la famille de Gras de Prégentil.

« ... Pour trouver une tranquillité que nous n'avions plus à Aix et fuir les menaces continuelles qui nous étaient faites, je pris le parti de me retirer à Marseille le 1er août 1791 avec ma femme et mes fils. Nous y restâmes jusqu'au 2 mai 1794. jour auquel nous fûmes forcés d'en sortir à la suite d'un ordre d'expulsion comme ci-devant nobles et nous vînmes nous réfugier à Saint-Maximin. Pendant notre séjour à Marseille, ce ne fut qu'un qui-vive continuel, des menaces incessantes d'être emprisonnés qui nous obligèrent, plusieurs mois durant, de nous tenir cachés à la plaine Saint-Michel, chez ma cousine de Saint-Jacques.

« ... Le 1er octobre 1793, pendant que nous étions encore à la plaine, on mit les scellés sur ma maison d'Aix, avec deux hommes pour les garder ; quelques jours après, on les mettait aussi à Château-bas avec un garde de scellé. Là on s'empara de mes vergers, potagers, prés. On fit faire l'inventaire de ce que j'avais dans ces deux maisons. J'étais revenu, le 1er janvier 1794, dans notre logement de Marseille ; je demandais à Aix que les scellés fussent enlevés de ma maison, prouvant par deux témoins que j'habitais Marseille ; on me demanda un certificat de résidence signé de *neuf* témoins, je le fournis : on me retourna mes pièces sans que je puisse rien obtenir et cependant, pour être muni de ce certificat de neuf témoins, j'avais été obligé d'aller *tous les jours* à la maison commune *pendant un mois* et d'essuyer toutes les longueurs possibles par suite du transfert momentané de la mairie chez le s^r Roux (1), dans la rue Mazade et de la nécessité de faire à nouveau afficher ma demande de certificat. Je dus plusieurs fois comparaître aux audiences de la municipalité et les propos tenus par quelques-uns de ses membres n'étaient pas rassurants.

« ... Nous passâmes à Saint-Maximin les plus mauvais jours de la Terreur. Après la mort de Robespierre, les membres du district furent changés et un ordre du 28 octobre autorisa l'enlèvement des scellés et séquestres et, sur une pétition que j'adressais, ceux sur mes maisons d'Aix et de Mimet furent enlevés... »

Retour a Aix.

« ... Enfin, après une absence de plus de quatre ans, je revins à Aix avec ma famille. On ne s'imagine pas dans quel état j'y trouvai ma maison, tout y était dévasté ou brisé. On m'avait pris, soi-disant par nécessité pour la Nation, 54 matelas, mes couvertures, mon linge, les rideaux, tringles des fenêtres, la batterie de cuisine, la vaisselle, etc., arraché les tuyaux de plomb des caisses et lieux à l'anglaise, volé mes livres, les bijoux que je n'avais pu emporter, mes fusils, pistolets, tout avait disparu ; on avait bu mon vin, pris le linge de corps de ma femme et le mien, ses robes, ses dentelles, etc.

« Ma belle tapisserie d'Aubusson que ma femme avait achetée à Paris, fut mangée des teignes, lacérée.

« Dans mon château de Mimet, où je n'avais pas mis les pieds depuis 1788, tout avait été volé aussi ou bouleversé :

----

(1) Ce détail est-il mentionné dans l'histoire moderne de Marseille ?

couvertures, garnitures de lits, livres, estampes, linge, armes ;
on y avait brûlé tous mes papiers. Dès le début de la Révolution, on avait décroché tous mes portraits de famille et les
nombreuses peintures qui décoraient la grande salle et on
les avait brûlés sur la terrasse, au midi, ainsi que les cartes
du parlement et autres gravures de valeur que M. de Régusse
ou moi y avions collectionnés.

« ... Après m'être de nouveau organisé comme je le pus,
je vivais assez tranquille à Aix depuis trois ans lorsque le
29 juillet 1798, à 4 heures du matin, ma maison fut envahie
par des soldats escortant un commissaire de police pour
m'arrêter comme un agent secret de l'étranger. Je répondis
que j'étais malade et ne pouvais me lever ; le commissaire,
laissant deux soldats à ma garde, fut rendre compte de son
mandat à la municipalité. Mon fils aîné s'y rendit aussi,
exposa mon âge, ma santé et obtint que je resterai prisonnier
chez moi, gardé par un gendarme, tandis qu'il apprenait
qu'un grand nombre d'autres personnes étaient jetées aux
prisons des casernes pour être transférées aussi au couvent
des Andrètes

« ... J'étais accusé d'être *un agent des plus rusés* de Pitt,
de recevoir à Mimet sa correspondance pour la transmettre
dans les environs. Je demandai à être interrogé sur ces pré-
tendus crimes et n'eus pas de peine à détruire l'inanité de
ces accusations. »

M. de Gras, au sujet de cet interrogatoire, dit textuellement
ceci :

« ... Le président des administrateurs qui m'interrogeait ne
me fit pas de question, mais, en revanche, il me fit de longues observations sur la souveraineté du peuple, sur
l'égalité et sur le regret où je devais être d'avoir perdu les
privilèges attachés à la caste dont j'étais dans l'ancien régime,
et c'était ce qui me rendait suspect aux républicains, me dit-
il. Il parla de la réaction royale que l'on avait voulu faire
avant le 18 fructidor an V, à laquelle j'aurais dû m'opposer ;
il me demanda si je ne connaissais pas les motifs de mon

arrestation. Il parut surpris de ma réponse négative et me fit ramener chez moi... »

M. de Gras ajoute en manchette sur son livre :

« Ce président n'avait que trente-deux ou trente-trois ans ; comme pour s'excuser de faire tant d'observations à un vieux magistrat il me disait, sans cesse : *vous savez mieux que moi, citoyen...* »

« ... Le 7 octobre, mon garde me fut enlevé et je fus rendu à la liberté. Mon arrestation, faite le 11 thermidor, avait donc duré deux mois et dix jours.

« Je fus très sensible à la part que le public prit à ma mise en liberté ; j'en recevais chaque jour les témoignages les plus flatteurs, non seulement chez moi et dans les maisons où j'allais, mais encore dans les rues où j'étais arrêté à tout moment pour recevoir des complimens de félicitations. »

Le *Livre de raison* d'Honoré de Gras s'arrête à cette date et son fils aîné, *Jean-Paul-Joseph*, écrit à la suite de ces dernières lignes :

« Mon père, Honoré-Jean-Joseph-Louis-Martin de Gras, est décédé à Aix, âgé de soixante-quatorze ans un mois, le 14 novembre 1799, sur les onze heures du soir. Que Dieu ait reçu son âme ; je le regretterai toute ma vie ! »

Quelques pages plus loin, il consigne en ces termes le décès de sa mère :

« Dame Charlotte de Clapiers de Cabris, ma mère respectable, est morte à Aix, le 28 janvier 1825, à neuf heures et demie du soir, âgée de quatre-vingt-deux ans et trois mois. Que Dieu ait son âme ; je la regretterai toute ma vie ! »

Honoré de Gras n'avait eu que deux fils de son mariage avec Charlotte-Catherine de Clapiers-Cabris :

Jean-Paul Joseph-François, né à Aix, le 18 septembre 1768, que nous venons de nommer et dont nous allons parler encore, connu dans sa jeunesse sous le nom de Monsieur de

Mimet, et *François-Louis-Charles*, né le 3 janvier 1770, appelé le chevalier de Gras, mort sans alliance à Aix, le 9 avril 1855 ; celui-ci se destinait à l'état militaire. Son père avait fait des démarches pour le faire recevoir à l'Ecole militaire avec promesse de le voir admis plus tard au régiment du Roi, où se trouvaient plusieurs officiers provençaux. Pendant la Révolution, il servit au 10e régiment de hussards. Il habitait, l'été, sa campagne de Saint-Mître, près de Saint-Maximin.

A sa mort, il laissa sa fortune à son neveu et filleul, Charles de Gras de Prégentil, fils unique de son frère, que nous allons retrouver aussi.

Jean-Paul de Gras fit de brillantes études au collège de Juilly et prit ensuite sa licence en droit à l'Université d'Aix. En 1807, il fut nommé maire de la commune de Mimet, où il faisait son séjour une partie de l'année.

Le 11 juillet 1811, il fut appelé aux fonctions de maire d'Aix. Ses adjoints étaient MM. Alexis et le marquis d'Olivari, ancien officier de marine. Le secrétaire de la mairie était M. Roux-Alphéran, le célèbre historiographe de la ville d'Aix.

Il fut reçu, le 30 décembre 1811, membre de l'Académie d'Aix. Le jour de sa réception, étaient présents à la séance : Mgr Jauffret, archevêque d'Aix ; M. d'Arbaud-Jouques, sous-préfet ; le baron de Vogt, conseiller d'Etat du Danemark ; le baron de Bonstetten, ancien membre du gouvernement de Berne : M. Baffier, premier président de la cour ; le président Fauris de Saint-Vincent, député au Corps législatif, et une foule de notabilités de la ville.

« ... Mon administration, dit M. de Gras, fut assez orageuse, à cause des événements politiques, de l'entrée à Aix des armées étrangères ; mais en 1814, je fus assez heureux de proclamer l'avènement de Louis XVIII au trône de ses pères. L'enthousiasme de mes concitoyens fut même un délire. Le 12 juillet 1814, je reçus la duchesse douairière d'Orléans, et le 29 septembre suivant, Monsieur, comte d'Artois, frère du roi, qui me nomma chevalier de la Légion d'honneur.

« . . . Le 7 mai de la même année, la ville d'Aix m'avait dési-
gné, avec M. le marquis de Lagoy, commandant de la Garde
nationale, et M. Pin, ancien conseiller à la cour des Comptes, pour porter ses vœux et souhaits aux pieds du
trône ».

Destitué de ses fonctions au retour de l'empereur, il reprit
l'administration à la seconde Restauration, mais il donna sa
démission le 30 juin 1815, pour être nommé conseiller à la
cour d'appel, le 29 février suivant.

Le décret du 1er mars 1852, sur les retraites, l'atteignit
comme tant d'autres magistrats.

Après avoir aliéné sa belle maison de la place des Prêcheurs, Jean-Paul de Gras, vers 1835, avait vendu au marquis
de Foresta sa terre de Mimet (1). A la mort de celui-ci, les
domaines de l'ancienne seigneurie furent partagés entre ses
fils. Château-bas obvint à M. Fernand de Foresta qui le céda,
en 1875, à M. Ranc, négociant, de Marseille, aux héritiers
de qui il appartient encore.

Jean-Paul de Gras avait épousé à Arles, le 6 septembre 1801 (18 fructidor an IX), Marie-Clotilde de Barreme,
fille aînée de Joseph-Henri, qualifié marquis de Barreme,
habitant Tarascon, qui avait été guillotiné à Paris avec ses
deux frères, 4 prairial an II (23 mai 1794), et d'Anne-Pierrette
de Barreme-Chateaufort, héritière de la branche de cette famille qui habitait Arles (2)

De ce mariage, il n'avait eu qu'un fils :

Charles-Pierre-Joseph, né à Aix le 28 mars 1803, membre
de la Commission des hospices de cette ville, chevalier
de la Légion d'honneur, mort sans alliance à Lyon, le
28 juillet 1856, resté fort populaire dans sa ville natale.

----

(1) Le 30 décembre 1826, M. de Gras avait vendu, au prix de 900 livres, à
Nicolas Delœuil, le four banal de Mimet et les chambres que les seigneurs du pays
possédaient dans l'ancien château.

(2) La famille de Barreme, perpétuée jusqu'à nos jours, descend d'un 4e frère,
plus jeune, Joseph, qui sauva sa vie par l'émigration. Il a été sous-préfet d'Arles
sous la Restauration et de son mariage, en 1802, avec Louise de Nicolaï, il a
laissé postérité.

Son père lui survécut jusqu'au 20 octobre suivant et sa mère ne mourut que le 27 octobre 1867, âgée de près de quatre-vingt-dix ans.

La succession de cette dernière fut recueillie par ses sœurs, Mme de Faucher, notre aïeule, et la baronne de Réginel. C'est ainsi que nous avons été appelé à posséder les papiers et documents intéressant la seigneurie de Mimet et la famille de Gras de Prégentil.

LE DERNIER SEIGNEUR DE MIMET TERMINE SON LIVRE DE RAISON PAR CES CONSEILS A SES ENFANTS.

« ... Que mes enfants et leurs descendants apprennent à ne jamais déranger leurs affaires ; qu'ils se fassent honneur de leur bien, mais sans le dissiper. Celui qui dérange ses affaires en est tôt ou tard la victime, surtout quand il avance en âge, parce que les besoins de l'homme augmentent dans la vieillesse. C'est par le dérangement des affaires que les familles tombent et se détruisent et c'est ce qui serait arrivé à la mienne que la mauvaise administration de mon père avait dérangée, si, par la faveur du ciel, je n'avais recueilli des successions qui l'ont refaite et l'ont rendue plus riche qu'elle n'avait jamais été... Que mes enfants n'oublient jamais qu'un bon père de famille ne doit pas dépenser tout son revenu et qu'il doit en épargner une partie pour fournir à des dépenses imprévues qu'il faut faire souvent lorsqu'on y pense le moins et pour s'en aider dans des événements malheureux qui sont inévitables dans le cours de la vie de l'homme. Enfin, qu'ils évitent surtout de s'adonner au jeu : c'est la plus ruineuse de toutes les passions et celle dont il est le plus difficile de se corriger quand on s'y est une fois livré ! »

QUELQUES RENSEIGNEMENTS SUPPLÉMENTAIRES

En glanant dans le *Livre de raison* du conseiller de Gras de Prégentil, nous avons encore trouvé les quelques notes suivantes, tant de sa main que de celle de son fils aîné qui fut conseiller à la Cour d'appel, avons-nous dit, et pouvant offrir un certain intérêt pour l'histoire des familles de l'ancienne Provence.

MORT DE MM. DE CLAPIERS ET DE VELLIN, MES ONCLES.

« ... Le 7 janvier 1761, mourut Messire Jacques de Clapiers de Collongue, seigneur de Montfort, mon oncle, faisant héritier son petit-fils (1) par son testament du 13 mars 1759 ; si je fais mention de cet acte, c'est parce que mon oncle nous substituait, mon père et moi, à son petit-fils en cas de décès sans enfant. Cette substitution fut consignée au greffe d'Aix le 12 février 1761 : il y eut inventaire ensuite ».

« ... Le 23 juillet 1765, M. Bruno de Vellin, frère de mon aïeule maternelle, mourut à Marseille, paroisse Saint-Martin, âgé de 93 ans. Par son testament du 15 septembre 1761, enregistré aux écritures de Mᵉ Richaud, notaire du dit Marseille, il laissait son bien à sa nièce Françoise de Vellin, qui est devenue depuis Mᵐᵉ de Saint-Jacques, me substituant à elle pour un tiers de sa fortune, si elle mourait sans enfant, et me laissant, en outre, une somme de 50 mille livres ; il légua aussi 10 mille livres à mon oncle Louis Bruno de Mayol.

---

(1) Jacque-Augustin.

Les deux autres tiers de la fortune de mon grand-oncle de Vellin étaient substitués, l'un, à Mme de Mayol de Saint-Simon, épouse de M. Négrel-Bruny, de Roquevaire, avocat à la Cour ; l'autre, à Mme de Gautier, d'Aubagne, née aussi Mayol de Saint-Simon. »

Mort de M. de Monvert et legs du marquis de Montauroux.

« ... Le 24 avril 1785, mourut à son château de Monvert, près de Saint-Zacharie, M. de Revest (1), cousin-germain de mon père qui, par son testament du 6 octobre 1781, reçu Michel, notaire d'Auriol, laissa 6 mille livres à mon fils cadet, François, son filleul. Il instituait pour son héritier M. le vicomte Louis de Rochemore d'Aigremont.

« M. Bourguignon de Fabrégoules, son exécuteur testamentaire, me paya cette somme que je plaçai sur les messieurs Pin, frères, marchands drapiers d'Aix.

« Par son testament du 18 mars 1818, ouvert le 11 juin 1822, mon cousin Jean-Paul de Lombard Gourdon, marquis de Montauroux, a laissé à mon frère et à moi une somme de 15 mille francs, à partager et à prendre sur le domaine des Antorches au plan du Bourg, terroir d'Arles. » (Note de Jean-Paul de Gras).

Mort et succession de ma cousine de Saint-Jacques.

« ... Dame Françoise de Vellin était née à Marseille le 17 octobre 1723 ; elle avait été mariée, le 16 février 1768 (Richaud, notaire à Marseille, passa le contrat), à Pierre Guilhaume de Saint-Jacques qui avait acquis la seigneurie d'Argens, conseiller à la cour des Comptes de Provence, fils d'autre Guilhaume trésorier de France et de Thérèse Marseille de Bazan. Elle mourut sans enfant, le 22 juillet 1795. Elle avait fait un testament en ma faveur, dit Honoré de Gras, mais par

---

(1) Joseph-François de Revest, seigneur de Monvert (fils de Pierre, conseiller au parlement de Provence, et de demoiselle de Creissel), conseiller aussi au même parlement, qui ne se maria pas.

La famille de Rémuzat, de Marseille, posséda ensuite ce château.

suite des lois nouvelles qui avaient supprimé les substitutions, son testament fut cassé par le Tribunal. Sa succession qui était considérable, se partagea alors entre ses parents paternels, représentés par les familles de Gras et les héritiers de la branche aînée des Mayol de Saint-Simon ou les descendants de Françoise et de Marie de Mayol de Saint-Simon, mariées, l'aînée, à Surléon de Gautier, d'Aubagne, l'autre, à François Negrel-Bruny, de Roquevaire, avocat à la Cour, que représentaient les nombreuses familles Négrel, Cailhol, Hazard, Féraud, Martineng et Dedieu et ses parents maternels, la famille Béraud, représentée aussi par M. J⁻-Pierre Béraud et ses sœurs, les dames Gal, Jouve et Bayon, petits-enfants d'Agnès Lyon, femme de Pierre Béraud, bourgeois des Mées et sœur de Désirée Lyon, mariée à Jean-Baptiste de Vellin, mère de la dame de Saint-Jacques, toutes deux filles de François Lyon, bourgeois de Marseille, qui avait été assesseur des consuls de cette ville en 1662 et 1676. »

De cette succession de la dame de Saint-Jacques, M. de Gras eut, outre une somme assez importante d'argent, la campagne de N.-D. du Mont à Marseille, que son fils Jean-Paul vendit en 1833 à M. Trouilhas, avoué à Marseille, pour la somme de soixante-deux mille francs.

A propos de l'acquisition du domaine de Saint-Mitre qui avait appartenu aux dominicains de Saint-Maximin, Honoré de Gras ajoutait dans son livre de *Raison* :

« ... Ce fut avec beaucoup de déplaisir et de répugnance que je me résolus à faire l'acquisition d'un domaine usurpé par la Nation aux PP. Dominicains (1) mais je fus payé de

-----

(1) Dans son propre livre de *Raison* M. François de Gras, fils cadet du dit Honoré, à qui ce domaine de Saint-Mitre advint dans le partage de la succession de son père, écrit ceci avant de mourir : « ... Je recommande à mon héritier et je le prie instamment de donner annuellement à l'église de Saint-Maximin, ainsi qu'aux pauvres de cette ville, une quantité de blé proportionnée à ses facultés ou une somme d'argent équivalente, ainsi que mon père d'abord, ma mère, mon frère aîné et moi, avons toujours fait, et de continuer cette aumône pendant tout le temps qu'il sera en possession du domaine de Saint-Mitre. Je le prie encore de faire la même recommandation à ses enfants, descendants ou héritiers. »

ma charge de conseiller en assignats, et je voulais asseoir cet argent, n'offrant guère de solidité, sur un domaine de l'Etat et en rendement de blé pour être assuré, en cas d'événements pis que ceux dont nous souffrions, de pouvoir nourrir ma famille ; ce domaine, d'autre part, était d'une gestion facile par le voisinage de celui de Muscapeau (1). C'est comme en dépôt sur ce domaine que je plaçais ma créance sur l'Etat, en attendant des événements qui permettront à moi ou à mes enfants de s'arranger avec les anciens propriétaires expropriés ou avec ceux qui les remplaceraient à l'acquit de ma conscience.

Nous fîmes ensuite le partage du domaine avec M. Ricard et j'achevais de payer à M. Cortès, receveur du district de Saint-Maximin, ce que je devais à la Nation. La contribution foncière avait été fixée à 764 livres pour ma part.

Argenterie de la maison vendue a la monnaie.

« ... Le 30 mai 1792, Madeleine de Clapiers de Cabris, mon épouse, vendit avec mon avis, à la Monnaie de Marseille, la majeure partie de sa vaisselle d'argent qui lui appartenait en propre et elle en retira en poids la somme de 2.928 livres. Le 24 septembre suivant, elle porta le restant, dont on lui donna 768 livres, plus 200 autres pour la chaîne en or de sa montre. Personnellement, le même jour, je vendis aussi à la Monnaie pour 683,17 sous de ma propre vaisselle, ne gardant que le nécessaire. Je réservai cette somme, formant un total de 4.379 livres, pour fournir à mes dépenses, car, avec le malheur des temps, personne ne nous payait plus de nos rentes. »

M. Charles de Gras, héritier du dit François de Gras, en 1855, vendit ce domaine, peu après la mort de son oncle, la somme de plus de 150 milles livres ; on n'a jamais pu retrouver les titres qui en formaient la valeur et qu'il avait avec lui, quand, revenant de Paris, il mourut à Lyon en 1856.

(1) Domaine de la succession des Mayol que possédait déjà M. de Gras à S. Maximin.

Notes sur les affaires et la famille de Clotilde de Barreme, mon épouse.

A la suite de l'indication de son mariage avec Clotilde de Barreme, Jean-Paul de Gras de Prégentil note ceci :

« ... Mon épouse et ses sœurs (1) eurent un procès considérable avec leur oncle, M. Joseph de Barreme, au sujet de la succession de deux autres de leurs oncles, Antoine et Auguste, l'un ancien officier de marine, l'autre conseiller clerc au parlement de Paris, qui avaient été guillotinés le 23 mai 1794 avec leur frère, mon beau-père, l'aîné des messieurs de Barreme. Ce procès ne se termina que le 8 mars 1808 par un arrangement arbitral qui reconnut M. Joseph de Barreme créancier de ses nièces de la somme de 78.331 francs (2).

« ... Mme de Chateaufort, aïeule de ma femme (3), est morte à Arles le 14 janvier 1812 et sa fille, ma belle-mère, mourut aussi à Arles, le 24 octobre 1820. A son décès, mes beaux-frères et moi dûmes renoncer à sa succession, criblée de dettes.

« ... En 1813, j'ai vendu, pour 9.000 livres, à M. Benoît Gauthier, avoué à Tarascon, l'ancienne maison de la famille de Barreme avec communs et jardins (4), elle est située *intra muros* au quartier du Pin. »

---

(1) Mesdames de Faucher et de Réginel.

(2) M. Joseph de Barreme avait en 1802, épousé avons-nous dit, Mlle de Nicolaï, dont un fils, *Edmond*, marié à Roseline de Villeneuve, et Mmes d'Olivier, de Présolles, de Joannis de Verclos et une quatrième qui ne s'est jamais mariée.

Edmond de Barreme avait eu un fils, *Hélion*, et trois filles, Mmes de Villeneuve, de Ravel d'Esclapon et une troisième, religieuse du Sacré-Cœur. Ce fils Hélion, de son mariage avec Mlle de Diesbach, n'a eu que des filles.

(3) Née Elisabeth de Campan, de Montpellier, qui avait épousé, le 24 juin 1750, Guilhaume de Barreme de Manville, baron de Châteaufort, et n'avait eu qu'une seule fille mariée en 1777 à son cousin Henri de Barreme, dont il a été question.

(4) Cette maison, en 1900, époque à laquelle nous la visitâmes, était occupée par les Frères de la Doctrine Chrétienne.

BIBLIOTHÈQUE NATIONALE — R F — IMPRIMÉS

TABLE DES CHAPITRES ET DES MATIÈRES

Chapitre II.

Chapitre III.

Chapitre IV.

Chapitre V.

Chapitre VI.

Chapitre VII.

RENSEIGNEMENTS SUPPLÉMENTAIRES

TABLE DES PHOTOTYPIES

www.ingramcontent.com/pod-product-compliance
Lightning Source LLC
Chambersburg PA
CBHW071328030726
47594CB00002B/581